Huang
Zhenrong Zhuan

黄 黎　高明山◎编著

黄振荣传

黄振荣,自幼追随革命,戎马一生,历经宁都起义、反围剿、二万五千里长征,苦战南泥湾,奔赴抗美援朝战场,在辽阔的黑土地留下第一道脚印。黄振荣,这位老红军,用苦难和热血奋斗一生,谱写了一部壮怀激荡、感人至深的人生传奇。

黑龙江人民出版社

图书在版编目(CIP)数据

黄振荣传/黄黎,高明山编著.—哈尔滨:黑龙江人民出版社,2015.6(2021.8重印)

ISBN 978 - 7 - 207 - 10386 - 4

Ⅰ.①黄…　Ⅱ.①黄…　②高…　Ⅲ.①黄振荣(1915～1968)—传记　Ⅳ.①K825.2

中国版本图书馆 CIP 数据核字(2015)第 143736 号

责任编辑:崔　冉
装帧设计:周　磊

黄振荣传

黄　黎　高明山　**编著**

出版发行	黑龙江人民出版社
通讯地址	哈尔滨市南岗区宣庆小区 1 号楼
邮　编	150008
网　址	www. longpress. com
电子邮箱	hljrmcbs@ yeah. net
印　刷	北京一鑫印务有限责任公司
开　本	880 毫米×1230 毫米　1/32
印　张	7.5
字　数	150 千字
版　次	2015 年 6 月第 1 版　2021 年 8 月第 2 次印刷
书　号	ISBN 978 - 7 - 207 - 10386 - 4
定　价	45.00 元

网络出版支持单位:东北网络台(www.dbw.cn)
本社常年法律顾问:北京市大成律师事务所哈尔滨分所律师赵学利、赵景波
(如发现本书有印制质量问题,印刷厂负责调换)

序

2015 年 6 月，是黄振荣同志 100 周年诞辰纪念月。作为一名老红军，作为北大荒的开拓者、建设者之一，其功绩是有目共睹的，也是非常值得纪念的。

家父王震 1933 年 6 月间，在永新红八军改编为红六军团十七师时任政治部主任，黄振荣同志担任红六军团首任保卫电台队队长。这开始了两个革命战友长达 35 年的革命友谊。

在家父直接领导下，黄振荣同志参加了举世闻名的长征和南泥湾大生产运动。

黄振荣同志于 1948 年 12 月担任中国人民解放军铁道兵团第四支队副支队长兼参谋长。先后担任铁道兵第三师副师长、铁道兵三师代理师长。1953 年中央军委和政务院决定，铁道兵团和 6 个志愿军铁道工程师统一编为中国人民解放军铁道兵，家父王震担任司令员兼政治委员。革命工作把两人的友谊延续下来。

响应党中央和中央军委开发建设北大荒的号召，黄振荣同志于 1955 年 10 月来到乌苏里江畔的中国人民解放军铁道兵八五〇农场，兼任铁道兵八五〇农场副场长。1956 年 3 月，他率领一队铁道兵转业官兵，进入完达山以北地区开荒建场。6 月 1 日，举行开荒典礼，家父亲临现场,宣布铁道兵八五○二部农场成立。

此后,黄振荣同志率领 7 000 多铁道兵官兵共同创建北大荒的军垦事业,在伐木时被"回头棒"砸伤,仍坚持轻伤不下火线。实现当年开荒 20 万亩,第二年达到耕地 51 万亩,成为当时铁道兵农场中规模最大的场。1957 年 10 月,朱德副主席在农业水利工会代表大会报告中,充分肯定了八五二农场的建场经验。

1957 年 12 月 31 日,由时任国防部长的彭德怀元帅签署命令,家父与黄振荣等同志同一天,一起办理了转业手续,转为预备役。1958 年 5 月 14 日,农垦部正式任命黄振荣为八五二农场场长。

在"十年浩劫"中,这位劳苦功高的老红军于 1968 年因被批斗后脑出血而与世长辞。那几天,父亲饭也吃不下,人也瘦了,好像得了一场病。

"十年内乱"以后,黄振荣的历史问题被作为人民内部矛盾处理了,但他 1942 年在山西太岳地区一段历史问题,仍没得到解决。在家父的过问并批示下,黄振荣同志长达 26 年的冤案终于平反了。

1985 年和 1990 年,家父两次代表党中央、中央军委来到北大荒慰问垦区人民,这两次都接见了黄振荣一家人,并对他们一家人寄予厚望。

在 1985 年的那次慰问中,家父在八五二农场为黄振荣同志之墓亲笔题词。1990 年,由我母亲王季青携子女,把"黄振荣同志千古　王震全家挽"的花圈敬献在黄振荣墓前。

屈指至 1993 年去世算起,家父与黄振荣一家人的交往,整整达 60 周年。不论是家父生前,还是逝世后,我们两家三代人一直保持着革命的友谊。黄振荣的家属派人参加了家父和家母的追悼会。此后,我们的家人前来北大荒参加有关纪念活动,黄振荣的长子黄黎等家属都义不容辞地陪同参加。

　　家父生前,对北大荒怀有十分深厚的感情。1993 年 10月,"王震将军率师开发北大荒"纪念碑,在北大荒兴凯湖畔举行了隆重的揭幕仪式。家母去世,与家父一起长眠在北大荒的土地上。家母在 90 岁高龄时仍给垦区学生写信,鼓励他们好好学习,工作后为北大荒事业奉献自己的力量,并亲自为垦区贫困学生寄去笔、本、《求实》杂志、被、钱等物品,为他们助学。尤其是家母去世后,我们王氏子女在黑龙江八一农垦大学 2008 年 50 年校庆之际捐款 160 万元,赞助贫困的大学生;2009 年,我又向八五○农场小学捐款 10 万元,助贫困学生上学。这是我们一家人对北大荒的一份爱心,我们希望继承家父家母的遗愿,与北大荒人的感情天长地久。

　　黄振荣同志的一生,是为共和国的事业,是为北大荒开发建设事业奉献的一生,他的遗骨忠魂留在了黑土地,他为祖国奋斗一生的精神值得称颂和传扬。

　　《黄振荣传》一书的出版,不仅是对黄振荣同志革命一生的充分肯定,更是要传承黄振荣同志对北大荒经济和社会发展的那份热忱和干劲,把北大荒的事业干得更好!

　　是为序。

王之于北京

2015 年 5 月 7 日

目　　录

第一章　苦难的童年

1955 年,在中国人民解放军首次实行军衔制时,时任中国人民解放军铁道兵第三师代师长的黄振荣被授予大校军衔。此后,他转业来到北大荒,开始了向荒原开战的不平凡的辉煌人生。让我们打开历史的画卷,深入地了解这位平凡而又伟大的拓荒者一生吧。

那还是在清朝慈禧太后垂帘听政期间,在西北名城西安市城内一个四合院内,住着一个叫黄青龙的西北汉子。到了他该成家的时候,他看上了现西等驾坡村盲人刘婆婆的二女儿,就上门以给别人介绍婆姨的名义,把这个乡下女人聘娶回城内,当了自己的婆姨,这个二女儿有了自己的名,叫黄刘氏。新中国成立后重新登记户口时,黄刘氏作为户主,改名为刘福源。

八国联军进攻北京时,慈禧太后、光绪帝逃亡西安,进城时城内黎民百姓都低头跪迎圣驾。人群中的黄刘氏,在圣驾行至面前时,抬头偷眼望去,正赶上慈禧老佛爷用右手掀帘看西安城内市容,露出的面孔让黄刘氏看了个清清楚楚。黄刘氏不知道当年偷看圣面是要受到处罚的,事后她还津津有味地述说此事。

黄青龙和黄刘氏生有三个儿子,老大取名黄振兴,老二取名黄振荣,老三取名黄振藩,新中国成立后改名黄振贵。

黄青龙在中华民国初期,曾跟随冯玉祥当过兵,知情人有说曾当过少将,也有说只当过初级军官没当过少将,不过冯玉祥和他认识倒是实情。他退役回西安城内后又干起了老本行——阴阳先生,整天用罗盘给人家看风水和算卦,以挣钱养家糊口。

在那个年代,军阀混战,西安城为各军阀必争之地。每隔一段时间就会换一个军阀在西安执政,城内就会混乱一番。为躲避战乱,黄刘氏带着三个不谙世事的孩子,躲到乡下西等驾坡村避难,城内四合院老宅由黄青龙看守。

不久,冯玉祥在城外围城,城内由另一军阀守城。两军在攻城、守城之间打开了持久战。久困在城内受战乱波及的黄青龙,因家中断粮多日,饿死在四合院老宅。

第二天,城内被冯玉祥部队占领。攻进城内的冯玉祥派人寻找黄青龙算卦,听到黄青龙已死,婆姨和孩子不知去向的回报,也只能作罢。

当黄刘氏带三个儿子返回西安四合院老宅,已是人已埋院已空,从此她孤身挺起养家糊口的重担。

一个雷雨交加的夜晚,风大雨急雷声震耳,住在坐北朝南正房的黄刘氏半夜被一声巨响震醒,觉得巨响发生在屋后院内,但寡母幼儿没敢出屋察看。

天亮雨停后,黄刘氏到正房屋后一看,发现塌陷一个深坑。为了一探究竟,黄刘氏雇人进入察看。下去的人被拉上来说:"洞里面是两扇铁门,打不开,可能是以前有钱人埋死人的阴宅。"

黄刘氏听后感到晦气,感到住在阴宅上不吉利,就又让用黄土填上塌陷的深坑,变卖了这个四合院老宅,举家搬迁到西安城内东五道巷 15 号一个四合院居住。

要说世上真有有心人,一个姓王的老汉听到黄家院内有阴宅这事,就买下了这个四合院宅子。不久,王老汉带着两个成年的孩子,偷偷又按新土位置挖开了洞口,打开了两扇铁门,进入了探洞人传说的阴宅。但阴宅内并没有猜测的棺材和死人尸骨,只有几口大缸。打开缸盖,几口大缸内装的全是黄金。王家发财了,发了大财。到西安解放前,王家在西安最繁华的大差市街道开了大半个街的店铺。

知情的西安老人传说,"黄家没福,王家有福,黄家的福被王家得去了"。

失之东隅,收之桑榆,没有发上大财的黄家,出了个响当当的人物黄振荣。

黄家二儿子黄振荣生于 1915 年 6 月的一天。

当时黄家有房子四间、耕地十四亩。因为黄振荣的父亲故去较早,他们三个孩子年龄都太小,还不能耕地,所以家里的地由黄振荣舅父代耕。这时,全家生活主要靠耕地和出租住房收取房租生活。耕地又多处在高原,土质差、收成低,家里收入也不佳,那时全家人都在温饱线上挣扎。

八岁至十二岁,正应该是读书的年龄,有钱人家的孩子早上私塾念书了。可家里困难,哪有钱供孩子念书?只念了几天书,黄振荣就又回到家里玩耍去了,有时还帮母亲捡柴拾粪。

黄振荣十三岁那一年,家里几口人连饭也吃不饱了。母亲只好求人,让黄振荣到西安市东大街一家小毛巾厂当学徒。旧社会的学徒工也不好干,整日里累得筋疲力尽,还饱尝各种刁难,不但受到掌柜的斥骂,师傅也没有好脸色。虽然能解决吃饭的问题,可身上穿的还得自己解决。家里实在贫寒,没有法子解决,同时说好要三年满徒。无奈,母亲还得求人,离开了这家小工厂。

到十四岁时,一家热心的姓胡的邻居在西安市汽车队给黄振荣找了一个当学徒的差事。那时的黄振荣长得又瘦又小,怎么能摇得动那汽车的摇把?好在汽车队一个工友又把黄振荣推荐到西北军总司令部政训处做勤务。

黄振荣在这里做事得到政训处张处长的赏识,张处长把他调去给自个儿当勤务。后来张处长又把黄振荣推荐给正在陕西潼关就任陆海空副总司令的冯玉祥将军当勤务。

适逢1930年5月,中原大战爆发。战争结果是西北军溃败,冯玉祥退隐。黄振荣又被介绍到驻扎在河南新乡的西北军手枪旅旅长季振同那里当勤务。

后来该部队改为国民党二十六路军七十四旅,转移到江西宁都。

这时,黄振荣提出要去学兵连当学兵,得到季振同的同意。当时的学兵连副连长是李达(20世纪50年代为中国人民解放军西南军区副司令员),还有王秉章(20世纪50年代为中国人民解放军空军参谋长)和黄振荣一起当兵。

黄振荣后来在回想这段时光时很有感慨:当时年纪很小,家中生活困难,为了维持生活就在此处工作。当时是没有什么主见和立场的,因为学徒吧,还得三年才能满徒,当兵比当学徒要好一些吧。

黄振荣离家出走当兵十年后,只在 1938 年和薄一波、李成芳回家几次,密谋晋绥军决死队兵变一事。离家后,黄刘氏以为黄振荣会很快回家,把平时舍不得吃的一袋好白面,用绳系住放在自家院内井里,避开暑天热浪,留给二儿子黄振荣归来时吃。但黄刘氏没想到二儿子黄振荣这一次一走又是十一年。

1949 年秋,西安解放后,黄振荣带领铁道兵三师回来了,他到西安市东五道巷 15 号院没寻到母亲。西安市政府帮助打听到,黄刘氏居住在乡下西等驾坡村,就专门为黄振荣派了一台小汽车。就这样,黄振荣带着初次认门的夫人赵英华和警卫员回村探母了。

城里东五道巷和西等驾坡村的人,多年来听黄刘氏说自己只有两个儿子,大儿子黄振兴,"二儿子"黄振藩,并不知道黄刘氏隐瞒了实情,还有一个在外面当兵的二儿子黄振荣。黄振荣归来后成了真正的黄家二儿子。

城内街道办和西等驾坡村共青团员,为军属黄刘氏重新修缮了城里的房子,并翻盖了乡下的房子。黄振荣及其子女户籍本籍贯备注栏上,也填上了西安市东五道巷 15 号,完成了认祖归宗,这是后话。

第二章　走上革命道路

　　黄振荣没有预料到,人生的道路又发生了新的转机,还由此走上了革命的道路。

　　1931年12月,在第二次国内革命战争中,国民党第二十六路军在中国共产党苏区中央局的指导和在该路军秘密开展工作的中共特别支部的组织发动下,于江西省宁都城举行武装起义,这就是著名的宁都起义。黄振荣参加了这次起义。起义后,黄振荣随部队编入江西兴国的红五军团。他后来回忆说:"参加前我的思想是没有什么的。因为当时年纪小啥也不懂,就是跟着别人走吧。"

　　黄振荣是在听了刘伯承同志一次报告后,才知道来到了红军。当时有人劝他回家。可他切身感到红军这里设有列宁室,有娱乐活动,很有趣,特别是红军的官兵一致,不打人不骂人,一切都很好,和原来在西北军当兵相比简直是天壤之别。

　　生动的现实启发了他,教育了他,他真心实意地想留在这里,不愿回老家了,要求一直工作下去。

　　1932年1月,在红五军团十三军三十八团十连当班长的黄振荣,参加了在江西赣州围困旅长"马老九"的国民党军队。以后又在福建小漳河西和广东南雄木口参加战斗。

　　1933年4月,由党支部书记朗明德介绍,黄振荣光荣地加入了中国共产党。他在自传中感悟道："入党初期,我对党的忠诚和对党的纲领的认识并不糊涂。经过党的教育和实际所见所闻及所参加的各场战争的考验,更加深了对党的正确理解和对党的认识。"

黄振荣虽然年轻,但作战勇敢,在赣州作战受伤后,尚未康复便重返前线。痊愈以后,黄振荣奉命到湘赣军区从事保卫电台工作。从江西河东,跟着湘赣军区蔡会文司令员和萧克军长,一路到了河西。在途中发现了敌情,并进行了顽强地战斗。最后终于保护着电台,安全送到目的地。

1933年9月,黄振荣被湘赣军区电台提拔为副排长。

1934年,黄振荣被调到会计培训班学习。一个月后被分配到第六军十七师五十一团担任出纳,在驻地后方。一旦前方与湖南军阀何键的部队开战,他便去参加收容俘虏等工作,实际上也是去参加战斗。

1934年下半年,部队开始西征,由江西转移到贵州,寻找贺龙将军红二军团部队,并开展湘赣鄂苏区根据地第五次反围剿。

萧克将军在他的《红二、六军团会师前后》一文中,描述红六军团西征路线和战斗过程,这中间就有当年黄振荣跟随任弼时、王震、萧克将军西征战斗的身影。

当时中央红军第五次反"围剿"屡战不利,被优势之敌压迫到闽赣边境。党中央、中央军委开始做退出中央根据地的准备,并于1934年7月23日,给湘赣省委去电指示:"中央书记处及军委决定,六军团离开现在的湘赣苏区,转移到湖南中部去发展广大游击战争及创立新的苏区"。

经过充分地准备,红六军团于8月7日下午3时,全军9000多人,由遂川的横石出发,踏上了西进的征途。黄振荣跟随部队日夜兼程行军,通过藻林、左安、高坪等地,连续突破敌人四道封锁线,于11日中午到达了湖南桂东县的寨前圩。12日,在寨前圩召开了连以上干部的誓师大会,庆祝突围胜利。

湖南军阀何键一面急调刘建绪派两个师兵力追击红六军团,一面令一个旅四个保安团防堵拦击红六军团。广西军阀也令第七军两个师向北部边境调动。红六军团改变了在湘南地区停留的计划。8月12日晚,从寨前圩出发,越过了郴宜公路,绕桂阳,于20日占领了新田县城。休息了一天,23日,到达湘江右岸的蔡家埠一带,准备抢渡湘江,向新化、溆浦地区前进。敌刘建绪发现红六军团抢渡湘江意图后,急忙调重兵堵防湘江,督令敌军围击红六军团。与此同时,桂军第七军廖磊部分两路向道县、零陵运动,堵红六军团西进。红六军团绕过敌十五师的侧翼部队,立即急转南下,日夜兼程,到达了嘉禾县城附近。敌军继续追来,红六军团当即折而向西,迅速进至江华、道县之间,渡过了湘江上游支流的潇水,顺利地进行了湘桂交界之永安关的战斗,破坏了尾追之湘桂军三个师的截堵计划,进入广西的全县、灌阳县东北地区的文市。敌人又集结兵力,妄图阻拦红六军团在此西渡湘江。红六军团一举击溃敌八个多团,于9月4日上午在全县以南的界首,顺利地渡过湘江,进占了西延县城。

9月8日,红六军团在西延车田接到中央军委的一个训令,要红六军团在城步、绥宁、武冈山地区打击敌人,至少坚持到9月20日。然后沿湘桂边境行动,与红三军联系,在凤凰、干城、永绥地域建立巩固的根据地。训令的主要意图,是要红六军团钳制敌人,直接与即将长征的红一方面军配合行动。当日,红六军团由车田出发西进,准备取城步、绥宁、武冈地区,但未成功,后来准备在绥宁以西打击西进的湘敌,不料在小水遭敌五十五旅的突然袭击。这时,湘、桂、黔三省敌军也先后集结在靖绥以北地区,防红六军团北进。红六军团又迅速改变了计划,夺路南下,占领通道县城,渡渠水,西入贵州。

从湘西到贵州,作战也非常困难。这时候,笨重行李虽然丢得差不多了,但强敌跟踪尾追,红六军团走到通道以西40里之新厂,杀了个回马枪,把何键的补充第一纵队何平部两个团全部击溃,缴获甚多。

但是,红六军团在甘溪与桂敌遭遇战斗失利,红六军团被截为三段,陷入湘、桂、黔三省敌军24个团的包围之中。经过十多天地艰苦奋战,进入石阡至镇远敌之封锁线,击溃了敌之巡逻警戒部队后,占领了东去的路口,并向南面之镇远及北面之石阡派出了强有力的警戒。而主力由当地老猎户引导,鱼贯向东,深夜从一条人迹罕至的谷涧水沟通过,天亮出了夹沟,红六军团才松了口气。这是一场极端紧张而又关系到红六军团大局的战斗,从此,红六军团战胜了贵州和广西、湖南敌军的围追堵截。终于在1934年10月24日,于黔东印江县木黄与红三军胜利会师。

黄振荣参加了这次西征行动。历时80多天,跨越敌境5 000多里,历尽千辛万苦,冲破了敌人的围追堵截,实施了大规模的战略转移,沿途播下了革命火种。

1934年10月开始,中国工农红军主力从长江南北各根据地向陕北根据地进行战略大转移。历史上著名的二万五千里长征开始了。

开始长征时,黄振荣所在的部队辗转会合了第二方面军,开辟了苏区。这年的12月,黄振荣被调到了五十一团参谋处担任参谋。1935年11月,又把他调到十七师当参谋。

1935年11月19日,黄振荣随贺龙、任弼时率领的红二、红六军团1.7万人从湖南桑植出发,开始长征。转战湘、川、黔、滇、青、甘、宁、陕等省区,爬雪山过草地,又随部队行军二万里,走完了二万五千里长征路。

在1936年2月,即将渡过金沙江时,黄振荣被提拔为红六军团十七师五十一团三营营长。

全军渡过金沙江后,黄振荣带领全营随红六军团进入格罗湾进行短暂休整。这里已属康藏高原,人烟稀少,周围都是高山。

这个时候,红军虽然摆脱了敌人的"追剿",但面前又有了新的困难,要翻过高耸入云而又常年积雪的横断山脉。对于这支部队,比较而言,多年生长于南方的红二、红六军团的同志们与水的关系比较密切,也不怕过河,但让他们翻越终年积雪、严寒冰冷的高山,那将是非常艰苦的事情。

所以,为胜利爬过雪山,黄振荣带领全营随红六军团在格罗湾休整几天:一是要解除连续作战的疲劳。二是要做好翻山的一切准备工作,比如棉衣、粮食、药品和翻山时必要的蒜、辣椒、姜等,因为这是一个人迹罕至的生命禁区。三是要做好指战员的政治思想工作,让战士们充分认识到过雪山的重大意义,以及应注意的事项,尤其是增强战士们战胜高山的自信心。因为山下稍有马虎,山上就很可能要付出牺牲同志们的生命的代价。

从爬山开始,红二、红六军团必须分头行动。红二军团为左路纵队,经德荣、巴塘、白玉向甘孜进军;红六军团为右路纵队,经定乡、理化、瞻化向甘孜前进。红六军团成立了由王震、萧克和张子意等组成的军事委员会,王震任主任。

5月1日,红六军团在格罗湾召开庆祝远征胜利渡过金沙江大会,准备翻越格罗湾至中甸的中甸大雪山。5月2日,继红二军团之后,黄振荣带领全营随红六军团,翻越长征中的第一座大雪山——中甸雪山。"雪山海拔5300多米,上山50余公里,下山20余公里。山势陡峭险峻,积雪一二尺厚,异常寒冷。山顶空气稀薄缺氧,呼吸困难,行进十分艰难。军团宣传员们走在队伍的前面,不顾高山缺氧,头疼脑涨,站在寒风刺骨的山顶雪地中,呼着口号,打着竹板,鼓励部队前进。黄振荣带领全营战士们忍受着难以想象的艰难困苦,相互帮助,相互勉励,终于翻过了第一座大雪山。是晚,到达藏族聚居的小中甸。

先头部队红二军团因缺乏经验,100余人因受冻牺牲在雪山上。红六军团因有红二军团的经验,伤亡少些。

5月3日,黄振荣带领全营随红六军团向中甸前进。出发前,军团领导同志讲话时简要总结了过雪山的教训:在雪山上不可因疲劳而休息,不可因口干而喝雪水,要多穿衣服裹好脚,要带生姜、辣椒、烧酒等,以便冷时吃了增加热量。

从中甸到甘孜,还有漫漫的长途、皑皑的雪山。沿途仍然峡谷纵横,雪山重叠,地势险峻。单是那怪异的气候,就足以把一个部队拖垮。位于滇西北的中甸属于康藏高原,横断山脉南北横亘,到处是崇山峻岭,平均海拔在3000米以上,5000米以上的高山终年积雪。那里人烟稀少,交通闭塞,贫穷落后,史有"关山险阻,羊肠百转","地险路狭,马不能行"的记载。

在中甸县城内,只有几十家经商的汉人,城外尽是藏民,城郊全是荒野,人烟稀少。坐落于城外的归化寺,是云南最大的喇嘛寺,也是中甸地区的统治中心。先头部队红二军团坚决贯彻执行党的民族政策和宗教政策,并且进行了深入的宣传工作,使归化寺的大小喇嘛和中甸地区的藏民消除了疑虑,愿为红军过境北上抗日尽力,卖给红军5万公斤粮食以及食盐、红糖等,为红军继续翻越雪山进行艰苦的长征解决了一定的困难。

这期间,黄振荣带领全营战士进行了休整,召开了会议,讨论了政治工作,进行了纪律检查,要求全营严格执行对待藏民的政策,命令全营不准住经堂,不准毁坏经典、神像及祭仪,在"反对帝国主义和汉官压迫"等口号下,在藏民中广泛开展群众工作。同时为继续北上翻越雪山积极准备,要求党团员起模范带头作用,把行军减员降到最低程度。总结了第一次过雪山的经验教训,要求全营过雪山时不喝冷水,不休息,不落伍,各连党支部必须在过雪山前开会,安排身体强壮的党团员负责,切实帮助体力虚弱的同志过雪山。

　　5月9日,黄振荣带领全营随红六军团从中甸出发向哈巴雪山进军。爬到了500米高度,部队遇上积雪。因为此时天气较温暖,全营指战员精神和体力较充沛,尤其是空气中的氧气也比较多,行军还比较顺利。然而,到了海拔3000米左右,大家就越来越感到步履艰难,身上的背包、枪支等也就变得更加沉重了。爬到4000米时,积雪越来越厚,氧气越来越少,气温越来越低,天色也越来越黑,有的同志精疲力竭牺牲了。

　　12日,黄振荣带领全营翻越上下山约60公里的大雪山,山上刮着狂风,下着大雪,空气稀薄,呼吸困难。爬到5000米高度时,由于山上气压低,氧气少,太阳辐射力强,许多人感到头晕、恶心、胸闷、气短,有的同志头发全部脱落,有的同志口鼻流血,还有的同志猝然死去,情况异常危险。此时,黄振荣也感到身体不适,他多么想与同志们一起休息一会儿啊,但他知道,越是在这个时候,越不能停下来。他便命令大家坚持,再坚持,只要走,只要迈动步子那就是胜利。雪山最后被征服了,但在翻越哈巴雪山的几天时间里,就有600多名指战员倒在山上,再也没有爬起来。最艰险的时刻,许多同志抬着伤病员,搀扶着体弱的同志,忍着饥寒,踏着前边同志的足迹艰难地前进,发扬了高度的阶级友爱和团结互助精神。

　　黄振荣带领全营随红六军团翻过雪山,离开云南,来到西康定乡县境的易窝。

　　5月14～19日,黄振荣带领全营随红六军团全部进驻定乡县城。这里人口比较稠密,粮食也比较多。当地藏民群众送来麦粉、青稞粉欢迎红军。5 月 20 日,黄振荣带领全营随红六军团沿硕楚河向稻县前进。经义司田、沙村、归日、水洼(今刀学)到百根,"沿途有不少藏民卖东西,并烧茶水送给红军喝"。

21 日,经沙古、相店,翻越郎上坡雪山,后续部队翻山时下起大雪。沿途尽是大山,气候寒冷,没有房子。22 日,黄振荣带领全营随红六军团于早 6 时出发,满地白雪,好似冬天,沿途人烟稀少,很荒凉。当日下午 1 时进入稻县县城。"该城没有城墙、街道,只有零散的房子几十栋。"黄振荣带领全营随红六军团在稻县县城休整 7 天。

5 月 30 日,黄振荣带领全营随红六军团由稻县县城起程,经冉子、大桥、那波继续前进。6 月 2 日,翻越了上下山共 75 公里的最后一座大雪山,进至藏坝。自渡金沙江,到进抵藏坝,一路行军都是高山峻岭,共翻越 3 座大雪山、3 座小雪山,虽然采取了各种措施,仍有许多指战员牺牲在雪山上。红军战士终于战胜了罕见的寒冷、缺氧、缺粮等困难,胜利地翻越了几座人迹罕至的万年雪山,经受住了严峻的考验。这段经历给所有亲历者留下了刻骨铭心的记忆。后来黄振荣的战友们也讲述了这些异常艰险的经历:"进入雪山以来,部队没吃过一顿饱饭,没睡过一夜好觉,每夜都有同志因冻、饿、病、累而站不起来了。每当晨曦初露,大家准备新的行军,迎接新的考验的时候,第一件事便是向那些已经长眠在征途上的同志挥泪告别。每当翻过一座山,黄昏时燃起一堆篝火的时候,我们就会预感到,今夜可能又有亲爱的战友在此地与大家永别……"同时,红军战士英勇顽强,排除万难的革命精神,则是异常振奋人心的。

　　1936年7月5日,遵照中央指示,红二军团、红六军团和红三十二军组建为红二方面军。红二方面军在组织上进行了调整。红六军团将三个大师改为四个小师,即红第十六师、红第十七师、红第十八师和模范师,另组建一个教导团。黄振荣所在营为红十七师五十一团,进驻东阁进行补充粮食,准备过草地。川西草原的海拔平均在3 000米以上,气温夏秋季为11~17摄氏度。

　　7月8日,红十七师五十一团黄振荣所在营到达日庆县。本来是满怀兴奋,一到日庆却被眼前的情景惊呆了。这里是什么地方呀! 一片荒野,不见人烟,但见棚屋四壁空空荡荡。谁见过这种县城? 所谓日庆县原来是一个季节性的集市。四川、云南、西康等地商人把日用百货、绸缎布匹、首饰和一些生产工具等运到这里,与少数民族同胞交换皮毛、药材和其他土特产,季节一过,人去棚空。

　　红十七师五十一团黄振荣所在营到达日庆后,才知道四方面军给二方面军留下500头牛、900多只羊。这些牛羊由红十八师第三营看管,是二方面军唯一的食物来源。可是由于放牧者用口哨把这一大群牛羊给呼唤走了,二方面军看管牛羊的指战员缺乏放牧经验,无法阻拦逃跑的牛羊群,所追回来的牛羊寥寥无几。因看管不力,丢失牛羊,该师参谋长和第三营营长均被撤了职。黄振荣所在营的补给就落空了。

　　由于黄振荣所在营没有得到食物补给,吃饭就出现问题了。为了节约用粮,进入草地后第一次决定取消由炊事员统一做饭的制度,改成三四人一组,用各自的洗脸盆烧饭。烧饭时是用牛粪作燃料,开始烧不着,后经四方面军炊事员介绍,才知道先得用少量干柴引火燃烧才能点着牛粪。至于煮牛肉,由于受高原气压的影响,水到80度就开锅了,因此必须多煮些时间,肉才能熟。为了生存,什么事情都得学。

7月9日,红十七师五十一团进驻西倾寺,在这里住了四天,准备过草地。这时有几位骑马的军人,头戴大八角帽,直奔黄振荣所在营驻地而来,为首的军人要见团领导,其随从人员介绍说:"这位是新到任的红六军团军团长陈伯钧。"

不久团领导都回来了,他们向陈军团长汇报了工作。陈军团长除了要求黄振荣所在营充分做好过草地的准备外,还简要地介绍了他过草地的经验。他强调说:"重要的是保持体力,坚定意志,相互帮助,以适应草地情况的变化。要打好草鞋,特别要注意节约粮食。缺粮时,草地有种阔叶野菜叫灰菜,可供食用,还有野蒜、野葱等都可以吃。"同时,他还要求黄振荣所在营在教学中要注意培养干部的正规作风。这些对黄振荣所在营即将过草地很有启发。

7月14日,黄振荣所在营从西倾寺出发,前方就是一望无际的大草原。天苍苍,野茫茫,只是遍地不见牛和羊。在这广袤无垠渺无人烟的大草原上,黄振荣所在营每天行军赶路少则五六十里,多则七八十里,甚至于百余里地。至于宿营,则"相机"而宿,即住地地势要高,周边有水。宿营时,黄振荣所在营三人一组,由身体好中差组成。身体好的负责挖坑,身体次之的同志就负责寻找柴草,身体差的就看管枪支、行装。睡觉时三人一起蜷缩在小坑里过夜。有时第二天醒来，体弱者耐不住长期饥饿和夜寒而悄然逝去，他就永远长眠在这个坑洞里了。战士们掩埋好牺牲的同志，卸下子弹，拆毁枪支，含着泪花，又重新上路了。黄振荣所在营全体指战员靠的就是坚定的革命意志，团结友爱的精神，互相帮助，相互鼓励。比如，身体强壮的主动帮助弱的，而体弱的则劝说身体强壮些的同志，要他先走，不要受拖累，并恳切地说："只要你能走出去，就是革命的胜利！我会慢慢地走出去，走不动时我爬也要爬出去同中央红军会合。"这些发自肺腑之言，听了令人感动而心碎。

黄振荣所在营走了10天旱草地，7月24日到达阿坝河的西岸。这时，我红六军团已饿死300多人。为了解决饥饿问题，团首长将自己的马让出来，用马肉解决饥饿的问题。

7月26日，黄振荣所在营渡过了阿坝河，到达中阿坝，在这里停留了3天。陈伯钧军团长到五十一团了解部队行军情况，深知饥饿行军给部队带来巨大的困难。7月29日，黄振荣所在营到达下阿坝，仍旧得不到食物的补充，于是把体质较好的干部的马和驮炮的骡子杀了分给大家充饥，连红四方面军赠送的生牛皮制的斗篷、皮带等都煮来吃了。饿极了，凡是能吃的东西都寻来吃了。

8月1日，教导团到达剑步塘时，突然遭遇反动农奴主的骑兵袭击，教导团被迫反击，密集的火力，使骑兵望风而逃。在追击中，教导团缴获了一些牦牛、羊和糌粑、豌豆、青稞等食物。教导团把缴获的食物，上报军团司令部，由军团统一分配，全军团所有的同志在草地过了一个八一节,可算是个不寻常的八一节。8月2日,向包座前进。

8月3日,黄振荣所在营徒步渡噶曲河时,水中成群结队的无鳞鱼向全营冲过来,用手一抓,一条大鱼。后来听说,藏民有水葬的习俗,鱼也吃人肉,因此全营过河时,鱼把活人当作食物了。当再次捕捉时,鱼好像也得出经验了。人一下水它们就纷纷逃走了。这时军团政委王震来视察,他告诉战士们,噶曲河边有獾洞,可用洗脸盆打水往洞里灌,洞里进水后獾就会往外爬,用铁锹一打,就可捕到。在这里,全营着实改善了一下生活。

出旱草地后,8月4日,黄振荣所在营又要通过水草地。8月9日,黄振荣所在营终于走出水草地,到达包座。

过草地,给黄振荣留下了一生难以忘怀的印记。

茫茫草地,一望无涯,遍地是水草、泥潭,根本没有路。人和马必须踏着草甸走,从一个草甸跨到另一个草甸跳跃前进。

过草地有三怕:一怕没踩着草甸陷进泥沼,泥沼一般很深,如果拼命往上挣扎,会越陷越深,来不及抢救就会被污泥吞噬;泥水不仅不能饮用,而且破了皮的腿脚泡入泥水,还会红肿甚至溃烂;二怕下雨;三怕过河。

本来大家进草地前准备了青稞麦炒面。但青稞麦炒面需要用水煮着吃,没有水,干吃很难受,且口渴难熬。一下雨,青稞麦被淋湿了,就成了疙瘩,再用开水和就成了稀面糊糊。还有不少同志在进草地之前来不及磨面,带的就是青稞麦。这样的青稞麦只能一颗颗咬着吃,带的少,就一颗颗数着麦粒吃,尽量节省,多吃一两天。青稞麦既吃不饱,还难于消化。还有那么长的路程,怎么办?就靠吃野菜、草根、树皮充饥。有的野菜、野草有毒,吃了轻则呕吐泻肚,重则中毒死亡。没有能吃的野菜,就将身上的皮带、皮鞋,甚至皮毛坎肩脱下来,还有马鞍子,煮着吃。

过草地时,黄振荣吃过皮带、草根充饥。在最困难时期,黄振荣开枪打死一只钻进草洞的狼。由于草洞只能钻进一个人,黄振荣腿上捆上裹腿布,钻进草洞,双手抓住狼后腿,人和狼被倒拖出草洞。战友们分狼肉。由于打狼有功,黄振荣分到一个狼头、一只狼大腿。继续行军途中,黄振荣饿得实在顶不住了,吃一口煮熟的狼肉充饥。

爬雪山、过草地,今天已成为人们体验长征精神的重要方式。然而,70多年前红色大军的雪山、草地之行,却无疑是人类历史上最悲壮的死亡行军。

红二方面军翻越的有玉龙雪山,大、小雪山,海子山,马巴亚山,麦拉山,德格雀儿山等十几座雪山

1936年7月,当红二、六军团经过一个月的雪地行军到达甘孜与红四方面军会合时,10 000多人的队伍减员了2 000多人。

鸟兽绝踪的大雪山,荒无人烟的水草地,究竟吞噬了多少勇士?至今也没有一个确切的数字。四川省阿坝藏族羌族自治州党史研究室的研究表明,红军三大主力在两年数次过雪山、草地期间,非战斗减员至少在万人以上。

1936年7月2日,红六军团在甘孜与红四方面军会师。会师后,红二、红六军团改为红二方面军。黄振荣随六军团编入红二方面军,继续担任营长职。

黄振荣带领全营支持任弼时、贺龙、关向应等坚决拥护中央北上抗日的方针,全营继续北上。

1936年10月,一、二、四方面军三大主力红军在甘肃会宁胜利会师,红军长征胜利结束。此时,红军已从长征开始出征时的20.6万人,剩下不到30 000人,黄振荣就是这30 000人中的一员。由于长期战斗,大团改为小团,将营取消,剩余干部集中。1936年11月,奉中央的命令,上干队调到延安抗大学习,黄振荣随队到抗大学习。

黄振荣经受住了艰苦的长征的考验,开始了新的革命征程。虽然那时条件很艰苦,但黄振荣却表现得很勇敢,很坚决。那时他虽然对革命的理论明白得不多,但是他知道是为了穷人能翻身过上好日子。他是穷人家出身的孩子,过去受苦很多,并且当时年纪也小,其他复杂的思想一点也没有,只知道吃饭打仗,不论怎样艰苦,从来也没叫苦过,一直是勇敢地、忠实地要把部队带好。

去抗大学习前他有些担心,因为自己不识字,怎能上大学呢? 到抗大后他发现,很多四方面军的干部都不识字,他自己也就安下心来学习。

在课程安排中,由傅忠讲党建。黄振荣的阶级觉悟逐渐得到提高。在批判张国焘错误路线时,他发现同队学习的郭某立场不坚定,准备逃跑,并且身上穿了四套军装,把枪擦好,放在枕头底下。

当时黄振荣和他开了句玩笑说:"你穿这么多新衣是不是想开小差?"他当时脸就红了。后来黄振荣发现他的行为古怪,就向组织汇报了情况,同时告知本队的秦队长。

第二天,党支部给大家布置任务,将石某、谢某等人逮捕送交保卫局。因为郭某认识了自己的错误,未予逮捕。这时大家才知道张国焘预谋组织叛变的阴谋活动。

1937 年下半年,黄振荣随大家由抗大往三原移防走了一天。途中接到中央命令,抗大学员毕业。

大家正准备返回原部的那天早晨集合时,校部派人来,指名调黄振荣等 7 人去延安。

到延安以后,经中央谈话后,黄振荣被介绍到博古那里,由博古亲自写了秘密介绍信,介绍他到太原去找薄一波。

去太原,大家是化装去的。黄振荣化装为学生,其他人也有化装为商人或职员的。每一个北方人搭配一个南方人,共 7 人,总的负责人是黄振荣。约定分两批出发。

途经西安,大家住进一家旅馆。因为黄振荣老家就在西安,这一晃离开家 9 年了,思母心切,所以这次他也顺便回家探探亲。

在家只停留了两个小时,他就匆匆忙忙离开了。家里的老母亲和兄弟,也不知道黄振荣究竟是干什么的。

为保守秘密,黄振荣就编了一套善意的谎言告诉他们。实在的母亲还等儿子第二天回去再看望她一趟呢。当然,没有等到,此事还是 1939 年再次回家探母时,母亲亲口告诉他的。

因为博古介绍信书写很快,是行草字体,有些字迹辨认不清。到达太原后,黄振荣把薄字认成傅字。门牌号码都相符,就是没有这个姓傅的人,这样寻找了一个星期也没有结果。

这时,有人感到绝望了,说:“实在没有办法了,找不到关系就准备当兵吧,再搞革命工作。”大多数人还是抱有一线希望,说还是到姓傅的那里去仔细了解一下。

　　大家每天跑几趟，才知道没有姓傅的先生，倒是说有个姓薄的先生。这样才真的找到党的组织。

　　后来，薄一波派杨献珍到大家住的旅店，找到黄振荣。接上关系后，杨献珍说先把大家介绍到太原国民师范学校（就是决死队）学习，应该先掌握国民党的工作方式。

　　出发时是分两批走的，后一批尚未到达。当时分开走时，便约定住在这个旅馆。介绍信都由黄振荣带着，怕第二批人来找不到关系，所以黄振荣当时没有入学，就留在这个旅馆等着，每天去车站看他们来否。约7天时间，他们终于赶到了。以后，由薄一波将黄振荣、孟庆山等人介绍到国民师范学校去学习。一个多月后毕业，黄振荣在决死一总队第三大队担任教官。

　　1937年8月1日，薄一波组建了第一支山西青年抗敌决死队，亲自担任政委。决死队的主要成员是青年学生，缺乏实战锻炼，针对这种情况，八路军总部决定开办一个训练班，决死一纵队排以上干部和优秀的政工人员轮流参加集训。训练班设在沁县的西林村，故名"西林训练班"。

　　训练班的军事课程有游击战术、步兵战斗条令等，政治课程有抗日民族统一战线和党的抗日根据地政策等。八路军总部的领导同志几乎都讲过课。朱德讲游击战术。周恩来做了抗日形势报告。由于周恩来知名度高，讲课时礼堂的走廊过道和窗外都站满了人听他讲课。左权讲步兵战斗条令，彭德怀讲党的政策。薄一波也去训练班听过课，并且讲过课。

　　1938年12月，毛泽东在与部分参加宁都起义的同志合影时亲笔题词："以宁都起义的精神用于反对日本帝国主义,我们是战无不胜的。"

黄振荣被秘密调回延安,和江西宁都暴动后八路军团以上干部一起,受到毛主席接见,并合影留念。

不久,薄一波率青年抗敌决死总队,约一个团兵力开赴抗日前线。大同失守后,决死一总队第三大队在山西盂县改为游击队,班以上旧军官都派回阎锡山的军队里接着当军官。

一名女同志向黄振荣透露,这些军官临走之前准备把教官全都刺死。当时黄振荣在十连工作,他们几个教官就到一二九师一带的一个侦察排住了一晚,等第二天那些人走后,大家才返回去。

此后,薄一波把几个教官召集起来开了个会,把黄振荣和一个白姓军官分配到山西平定军团教导第五团,准备让黄振荣和白姓教官当营长。

那里的团长是旧军官,很顽固,不与新来的教官配合。在黄振荣来五团三营当教官后,做了一些工作,控制了这个团长,该团就由我们共产党的干部来领导了,我们也就掌握了这个部队的领导权。

接着又成立决死一总队三大队,后改为三总队三大队,黄振荣当大队长以后,三总队改为教导一师独立一旅二十六团,黄振荣在三营当营长。

1939 年,阎锡山去陕西秋林军官训练团受训。目的有两个,一个是从思想上改造这些军人,另一个是要了解是否有八路军和中央军派来的干部混进来。入该训练团时,黄振荣等人集体参加了同志会,主要是掩护自己,毕业后这个组织就取消了。

　　阎锡山当时一一接见了训练团的成员,还进行了个别谈话。问起了黄振荣的来历,是怎样到这个部队的。黄振荣回答说:"我们以前是冯玉祥的部队,以后归了中央军。因在山西和日本人打仗,我掉队后来到这里。"又把连以上人员的编制和姓名说给阎锡山听。阎锡山深信不疑。想当年他与冯玉祥联手反蒋,所以对当年冯玉祥的旧部还是很信任的。

　　从训练队毕业后,带队的旅长批准黄振荣10天假。在返回山西时,又路过西安,黄振荣就回家去了一趟。老母亲这回可不让他出来了,结果黄振荣只好偷偷跑出来。

　　当时阎锡山发给黄振荣3个月的薪饷和路费。黄振荣用这些款项在西安买了9支铜号,返回太岳军区。

　　回来后,黄振因表现优异,在干部会上受到薄一波的表扬。此后黄振荣被派到一团二营当营长。

　　这个团的白团长经常往五连跑,与五连赵连长、于排长互相勾结,企图把部队拉走。因为这个团副团长也是旧军官,显然对革命事业并不忠诚。

　　黄振荣把白团长、赵连长、于排长的秘密行动向旅王主任和该团的阎主任做了汇报。上级将白团长逮捕。上级又派人告诉黄振荣,让他把赵连长和于排长送到团部。黄振荣知道,当时该连班以上干部都被强行拉拢过去了,因此无法下手逮捕。

　　这时,黄振荣以去团部开会为名,把各连连长都调来开会,并进行了布置。大家商定,如果在路上这几个人要逃跑的话,就地处决。最终,他们把赵连长、于排长带到团部。

黄振荣又返回部队做动员,结果形势又有了新的变化。

随着抗日战争进入战略相持阶段,国内的政治形势也生了急剧的变化。国民党五中全会后,对外妥协、对内积极反共的乌云笼罩了全国。国民党的反共政策加速了阎锡山在山西的反共。不久,阎锡山就明确提出了反共的想法,"不能同共产党合作,'道不通,不相谋'"。阎锡山改变了实行三年的联共抗日路线,于1939年3月召开了高级干部会议,这就是秋林会议。以薄一波为首的牺盟会、决死队的主要领导干部参加了会议。会议斗争异常激烈。会议的中心内容就是一条:取消新军政治委员制度,文官不能兼任军职。因为新军的政委绝大多数是由共产党员担任,而且掌握着指挥大权。我党领导的决死队不服从阎锡山指挥,发起暴动,将旧军官送走,比较进步的军官留下来。

1939年12月,晋绥军决死队三纵队33个团脱离阎锡山晋绥军,加入八路军。决死一总队和游击一团合编改为三十八团,黄振荣担任二营营长。部队除抗日外,还要对付阎锡山的顽固部队。

第三章　　让历史作证

此间,黄振荣参加了著名的百团大战。在百团大战中,黄振荣率二营攻下山西正太路坎下碉堡和上湖车站。后来,在马房镇港峪满掩护一二九师师部和炮团转移。战斗打得相当激烈,二营伤亡很大,仅剩十几个人,仍坚守阵地。战后补充上人员,部队又参加了关家垴战斗。

关家垴位于山西省长治武乡以东40多公里,是群山环抱的一个高高的山冈,山冈顶有一块方圆几百平方米的平地。山冈的北面是断崖陡壁,东西两侧坡度陡峭,只有南坡比较平缓。南坡山壁构筑着一排排的窑洞,住着50多户姓关的人家,当时村里的人早已避难逃走。坡的对面是一个比关家垴更高的山冈——柳树垴,与关家垴互为犄角,战略位置十分险恶,易守而难攻。

关家垴以南大约两公里的地方是石门村,一周之前,八路军部队在此与冈崎支队有过一次较量,如今村里驻满了的军人。人们都知道,八路军要打大仗了。石门村西口,有一座关公庙,是当地有名的大院落。

1940年10月下旬的一天傍晚,庙前拴着许多马,彭德怀、刘伯承、邓小平、左权等众多八路军高级将官云集此间,召开关家垴战斗的战前动员会。

会议只有一个中心思想,让各部下定决心,不惜代价歼灭冈崎支队。但此时百团大战已经进行了两个多月,部队经历了两个阶段的攻势作战,以及一系列反扫荡作战,部队遭受了一定程度的减员,各部兵力参差不齐。

10月29日,第一晚的战斗,八路军没有丝毫进展,丢失了峰垴,没有冲上关家垴,八路军初战失利。

10月30日,双方经过初战的试手,开始决战。

八路军各部全部进入战斗位置,七七二团、十六团在东南,七六九团在西北,总部特务团在东北,新十旅主力在西面,将关家垴围了个水泄不通。

天亮之后,日军就从峰垴台地棱线向后撤退到核心阵地。八路军以为日军撤退了,二十五团、三十八团立刻组织部队搭着人梯爬上峰垴顶。2米高的梯田台级极其难爬,而战士只要露头就被火力杀伤,如果一个班一起冲锋,机枪一扫射同样被压下来。日军的飞机又前来助战,投弹轰炸,给我军带来很大伤亡。

峰垴高地为整个战场制高点,战略位置极为重要,因此二十五团、三十八团冒着枪林弹雨发起前赴后继地冲击,二十五团在这天攻击了7次。

三十八团和十六团组织了4次强攻,峰垴四周杀声震天,血流成河。三十八团兵力伤亡惨重,团长蔡爱卿下了狠劲,把干部集中起来继续冲击。

黄振荣率三十八团二营奋勇冲锋,不幸中弹负伤。副营长贾宝善,特派员王思忠,连长张秉燮、陈建岗,指导员郝双马等数十人相继牺牲,仍无法啃下高地。部队伤亡太大,被迫停止进攻,只能以少数兵力牵制峰垴之敌。

下午4时,最后的决战打响,七七二团、十六团、三十八团、二十五团各出一营,协同七六九团对关家垴发动了总攻。在炮火的掩护下,八路军战士前赴后继发起了18次冲锋,各部伤亡极其惨重。直到入夜,部队才冲上了关家垴主阵地,与日军在阵地上反复拼杀。

与此同时,日军的援军已经步步逼近,战场态势瞬息万变,已经到了最后关头。

10月的最后一天,战场上的八路军已经筋疲力尽,血也快流干了,伤亡严重。二十五、三十八两个团,还有团机关,各只剩200余人。

16时,八路军发出了撤退命令,各部带回了尽可能找到的烈士遗体,带上伤员,离开了这座小山村,朝西及西北方撤退。

关家垴战斗,是抗日战争中百团大战的第三阶段进行的一次最大的进攻战役。八路军集合3个旅、2个团20 000人的部队,在副总司令彭德怀的督战下,对日军冈崎支队500多人进行围歼,血战2昼夜,仍未能取得胜利,被迫撤退。关家垴战斗,彭德怀在自传中认为是人生中的败仗之一。可见此战之艰苦,超乎想象。

当部队返回太原后,黄振荣被派到太行北方局党校第二队学习。

1941年底,黄振荣又返回太岳军区,回到原来的二营当营长。

黄振荣在自传中曾有叙述,组织上派他去做统战工作,他深深知道组织上是相信他,才交给他这样艰巨而复杂的任务。当时预想会有很多困难的,同时也的确遇到了很多困难。

　　他感悟到,虽然当时理论水平不深,但他还能掌握原则,站稳革命的立场,完成党所交给的任务。在那些复杂的情况下,思想上是没有任何动摇的。

　　50年代三反五反运动中,黄振荣深信,尽管博古已故,但对他那一时期的工作,薄一波、杨献珍同志,还有和他同行的孟庆山、苏禄、王鹤峰等同志,对他是了解的、信任的、可以证明的。

　　1941年1至2月,黄振荣在决死队三十八团二营当营长。当时因沁州根据地被敌人占领很多,上级派他们这个营到沁州开展工作。

　　当时敌人在郭村安有据点,有300多人,黄振荣所率领导部队到达后,将郭村敌人引诱了出来。利用埋伏,把敌人和其增援部队打垮,当日晚就把郭村敌人据点消灭。并将敌人攻到沁州城附近。以后团部又把他们营调回沁源柏子镇。

　　1942年1月,太岳军区召开党代会,上级又派黄振荣到沁州开展工作。驻扎部队离开该地之后,敌人又出来在开村山上修筑据点,到处抢粮抓老百姓。白晋路铁路沿线,敌人都增加了兵力,有扫荡的企图。黄振荣便带领部队和敌人进行战斗。一日,发现一股百余人的敌兵,决定把他们全消灭在郭村丁家山。

　　交战中,黄振荣发现左右两侧皆出现敌人,形势不好,敌人太多,他便带领部队向后转移。不料,黄振荣在半山腰指挥部队时,左腿受了重伤,当时就不能动了。他坚持指挥部队全部转移后,便被送到沁源下新居团部卫生队休养。

　　不久,敌人要进行扫荡,因当时情况很紧,团部和部队都转移了,黄振荣便留在团部卫生队附近一个煤窑里。部队给他留下一名小通信员和一名卫生员,还有五六个病号,一共是 9 个人。这 9 个人和 200 多名群众一起隐藏在煤窑里。

　　当晚,敌人就进行了扫荡,第二天就占领了该地。敌人到处烧房子,后来群众出外做饭,被敌人发现,敌人便派出部队把煤窑围困了六七天,同时又用烟熏了几次,但没熏开。

　　敌人派一名老百姓,进煤窑叫群众出去,此人进去就被大家扣留了。过了两天,敌人又派两名老百姓进洞叫群众出去。这两名老百姓也被扣留。敌人想方设法把煤窑打开。后来由一名叛徒把敌人引了进来。

　　敌人进洞后乱开枪,老百姓都往后跑,把黄振荣挤到最后边了。而通信员、卫生员他们也不知道挤到什么地方去了,谁也找不到谁。黄振荣伤重,被挤得动也不能动。

　　这时,敌人就用手电往里照,黄振荣发觉情况不妙,就马上把随身带的重要东西埋在煤窑里面。

　　他刚埋完东西,就知道被告发了。为了以旧军官的身份来掩护,他把在阎锡山教导一师独立一旅二十六团当营长时发的少校胸章留在口袋里。

　　1942 年 2 月,黄振荣和群众一起被俘。敌人把他们带到洞外,在黄振荣身上搜出了那枚胸章,敌人把他捆起来带到了下新村。

　　被俘第二天,敌人就对他们进行了审讯。

　　首先被审讯的是小通信员、卫生员和伤病员。他们受审时都受了肉刑,不知是谁受不了酷刑,就对敌人招供说,他们有手枪,埋在煤窑里。

敌人后来又审问黄振荣。开始敌人问黄振荣是哪个军队的,黄振荣说是从中央军下来的军官,后来到阎锡山部队又当军官。敌人又问他煤窑里埋有什么东西,他说什么也没有。

敌人说:"你们不是还有一支短枪吗?"黄振荣说:"我是伤员,哪里有枪呢?"敌人说:"你们一伙的都说了,你还装什么熊?"

敌人对黄振荣的态度很恶劣,打了他两拳头,踢了几脚,后来就把他捆在马上,和两个老乡及小通信员一同押到煤窑去。

敌人在煤窑里到处搜查,把老乡的铺盖也拿走不少,后来把黄振荣装药品和器具的药箱和一支手枪都搜出来了。

敌人又打了黄振荣三个耳光,打得他满口流血。敌人搜出这些东西就走了,幸好未把他埋的其他东西搜出来。因为这些东西都是他在百团大战时缴获日本人的,如果这些东西也被搜出来,麻烦就更大。

敌人又把黄振荣他们押至下新村,住了两天后,都送到了临汾。

因黄振荣不能走,就用他的绑带把他捆起来,拴在驴尾巴上,送到临汾晋绥军收容所。

该收容所负责人是阎锡山的翻译,是东北人,军事教官是中央军的人。在这里黄振荣每天只能吃到两个馒头,一个约一两重,一顿只给一个。后来因没人给黄振荣医伤,伤口肿痛,开始化脓。在收容所住了四五天,黄振荣又被送到宪兵队去。在宪兵队被关了半个多月,受审讯三次。他还是说自己是从旧军队来的,始终没改变说法。

敌人又把黄振荣送回收容所,过了四五天之后,又将其他的同志和老百姓都用火车送走,送到临汾,修飞机场和公路。

住了几天以后,黄振荣正在发馒头时,一个会说汉语的日本人和一个翻译,把他和另外的一个人带走。以后才知道同被带走的这个人是决死队里的程志经。当时黄振荣自己也不知道会发生什么事情,估计这次可能又回宪兵队,那就死定了。

日本人把他们俩带出城,带到火车站,上了火车,途中有人看守他们。这时黄振荣的伤势仍很重,无法逃脱。

日本人把他俩送到运城,带到日本人家里住了起来。住了几天后,他们觉得事情不对头。他们俩就问,到这来做什么。日本人又在谈话中审问黄振荣原来是哪个部队的,黄振荣始终是说阎锡山部队的军官。

又住了几天之后,日本人把他们俩的军装换成便衣。当时黄振荣觉得不太对头,说不愿意换。那日本人逼迫他们俩非换不可,无可奈何,他们俩只好换上。

后来这个日本人发现皮鞋丢失,他说肯定是中国人偷走的。黄振荣乘机要求帮他去找找。经日本人允许后,黄振荣和程志经就到街上去找。黄振荣的真实意图是利用这个机会到街上了解情况,同时也了解一下程志经的真实想法。

二人出去之后,在街上行走,路遇一名日本哨兵,因不懂"规矩",没给哨兵敬礼,被打了几枪托子。

黄振荣决定利用这个机会启发程志经。他说:"我们受这气干啥……"以此了解一下程志经的态度。

由街里返回日本人的家里,程志经汇报说鞋没有找到,还被哨兵打了一顿。

过了几天,这个日本人把黄振荣和程志经二人带到夏县。后来日本人给他们俩每人一个居住证。在夏县住了四天左右,日本人又把他们俩带回运城。

回到运城不久,日本人就对他们俩说,他们的部队要到沁水换防,派黄振荣去给他们找房子

黄振荣说他一个人恐怕不行,最好叫程志经和他一块去。日本人考虑了很久,表示同意。

黄振荣和程志经乘火车到后侯马站下车,又跟日本人换防的部队坐汽车到达了沁水。

住了三天之后,听说出城 50 里就有游击部队。这时,黄振荣才和程志经交谈,他问程志经想不想家。程志经很胆小,说想回家,就是没办法。这时黄振荣就进一步动员程志经,他说:"我们在这不好呀,将来危险。"他又说:"有办法回家,听说出城几十里,就有游击队。"后来程志经也同意了。

1942 年 5 月 11 日上午 10 点左右,二人出了城门。伪军哨兵问他们到哪里去,他们把证明拿给哨兵看,说到外面去玩玩,哨兵就让他们出去了。二人出门约走了 5 里路,就顺着一个山沟跑了。

走了六七十里,就遇到我们的过路部队。这才打听到了路。在途中,程志经就要回家,不想和黄振荣一同回部

队去,并要把证明撕掉。黄振荣就和程志经吵了起来,后来程志经没办法才跟黄振荣一起回来了。

当天走了 100 多里路,黄振荣的伤口也肿了。共走了 4 天,才到达沁州阎寨,找到太岳军区司令部。

1942 年 5 月 15 日,黄振荣经过千辛万苦,终于又找到自己的部队,归队了。

到达太岳军区司令部的第二天,黄振荣就带着证明和居住证,去见薄一波、陈赓和李聚奎。黄振荣把证明的详细情形告诉了薄政委。

后来组织上让黄振荣到政治部去休息。过了一个星期,组织科长找黄振荣谈话,叫他去抗大分校学习。当时他说什么也不去,对组织科长的态度很不好。

黄振荣没有请假,就跑到旅部和团部去,并从煤窑里把他从前埋的东西全部取出来。到旅部时,旅部的阎主任和他谈话说,不要闹情绪,这样不好。

黄振荣认为组织不信任他,请求给他一支队伍,拿下沁水。遭拒绝后,他又要到延安找毛主席申诉,被追回带回太岳军区。

当时正值 1942 年精兵简政时期,黄振荣又要求退伍。后来太岳军区吴部长把他找去,对他说:"你犯了错误。"黄振荣说:"犯了错误就执行纪律吧。"这样,就把他禁闭了 11 天。

把他放出来后,组织还让他去抗大,他还是不去。最后组织决定把他送到军法处罚他做苦工,并让他担任苦工队副队长。他曾给大家讲课,用每个人犯错误的事实来教育大家,他表示自己也后悔了,对于错误,有了初步认识。

那时他在苦工队表现很好。半年期满以后,组织上还是叫他去学习。当时他因病未去学习,到医院去疗养了。

这期间,他行政上被撤了职,党籍问题是怎样处理的,也没和他谈,也没有正式公布。

尽管他心里感到十分委屈,但他坚信自己是清白的,坚信党组织会给他一个正确的结论。

第四章　转战南北

1942年,黄振荣带部队护送丁玲等文化名人,穿过日军封锁线,来到延安,受到朱德总司令接见。这一年,黄振荣在一二〇师三五九旅七一八团担任营长,参加了举世瞩目的南泥湾大生产运动。和黄振荣同一时期在三五九旅当营长,后来又先后到北大荒参加军垦的有警卫营长李桂莲、独立营长肖天平和七一七团的刘海。

1943年,黄振荣休养结束出院后,组织上为了培养他,派他去陆军中学,主要是学文化。他在陆军中学学习了半年时间。

1943年冬季,敌人又进行扫荡。

这时,学校决定由内线向外线转移。该校李副政委和高志和大队长找他谈话,让黄振荣带领中学第三队转移。开始,黄振荣有思想顾虑,晚上他想了很久,一想到不能让学员受损失,他就下决心担负起这个重任,决定带领大家转移。

转移的第一天,行程100多里。这一队多为青年同志和教员、宣传员等,没有参加过战斗的锻炼和洗礼,只有三分之一的人打过仗。走了100多里后,到了一个半山腰的大村子,他们都很疲劳,不愿意再走,要就地休息。

黄振荣观察到,这个地方从军事上讲地形不利,容易被敌人袭击,所以他对大家说,这个地方不能住,再坚持走几里路,找个安全的地方住下。大家同意了他的意见,又走了七八里路,在一个山沟里发现有两间房可以入住。因为房子小,大部分人是露营的。

赶来的校部和一、二队由高志和带领,因为大家很疲劳,他们就住在那个大村子里。第二天天亮时,便遭到敌人袭击。队伍汇合后,大家根据敌情商讨如何转移出去。

黄振荣决定派六七个人到前面去侦察,向敌人方向警戒,顺着放木头的沟,把部队带领到山上去隐蔽。黄昏时,敌人都拉回村子里和据点,队伍就利用这个机会突围到外线去。

到达游击地区后,敌人到处扫荡,到处都有敌兵,到处抓老百姓,抓牲口。

在这种情况下转移队伍是相当危险的。黄振荣向上级建议,把没有战斗经验的青年留在战斗区维持会,换上便衣隐蔽起来,一些有战斗经验的老干部,有六十多人,组成一个游击队。经上级同意,队伍开始打游击,由北往南转移。

经历敌人两个月的扫荡之后,黄振荣将疏散各地的同志干部集中,安全地带回根据地,圆满地完成了任务。

返回驻地后,不到一个月,校部又找黄振荣谈话,学校要转移到陕北去,让黄振荣去前边与我党地下组织取得联系,并侦察清楚去晋西北途中的情况,包括道路、河口、敌情等。

黄振荣与一名姓安的同志,又带了一名交通员,到达目的地,与地下党组织取得了联系,布置了工作。黄振荣又由晋西北返回太岳军区,到校部做了汇报。后来决定太行陆中与太岳陆中一起行动。

太岳陆中走在最后面,到下午时,突然就刮起暴风雪,很多学员的手脚和耳朵都冻坏了,有的学员耳朵还流起了脓血水,条件十分艰苦,最后仍坚持走到晋西北。

一个星期以后,组织上又找黄振荣谈话,说学校有些知识分子、女教员等50多人,要把他们送到晋西北去。黄振荣当时觉得这个任务很艰巨。因为他们都穿着八路军军装,又没有部队护送,在平原上起码要走上两天多时间,经过内心反复地思想斗争,他最后决定把这个担子担负起来。

他带领队伍走到离汾阳城约30里处时,就住在城子村,隐蔽起来。

敌人第二天就到这个村子来征粮了。村维持会长告诉黄振荣说,村子来了50多名伪军和日本人要粮食。黄振荣说:"你们好好招待他们,多少给他们一些粮食,多派些人跟着他们,防止他们四处乱窜。"又对维持会长明确表示:"咱们都是中国人……"维持会长立即承诺:"保证不能叫你们出事的。"

这个村子很大,有1 000多户。因为穿的是便衣,黄振荣就在门外放哨。

天黑时,便把大家送到晋西北第四道川。黄振荣只休息了一天,又返回太岳军区的边界。

之后上级安排护送杨支队大部队过日军封锁线。黄振荣带着杨支队十六团前卫部队通过两道铁路线时,碉堡里的敌人开枪射击,黄振荣带领部队反击,掩护大部队通过了日军封锁线,到达陕北。

1944 年,组织安排黄振荣到抗大总校一大队学习。在那里,他参加了政治学习,特别是谭政所做的报告,对他教育很大,种地、纺线等自力更生的劳动,对他的人格也产生了积极的影响。部队还学习文化,那时他自己也想真正在文化学习上提高一步。

以前他从来没有在报纸上发表过文章。就在开始学习文化时,他把自己误把"薄"认作"傅",这一个字的错误差点影响工作的事,写成一篇文章,以此激发大家学习文化的积极性。"八一五"光复以后,大家的文化学习又转变为军事学习。

大家对黄振荣的党籍也很关心,向大队请示,建议第二次入党。党小组长李长吉代表组织与黄振荣谈话,要求他第二次入党,当时他没表态。9 月,李长吉又找黄振荣谈话,黄振荣思想通了,第二次入党就第二次入党吧,以后党会搞清楚的。就这样,10 月上旬,黄振荣由李长吉介绍第二次入党。这也是黄振荣本人政治生活上的一件大事。

1945 年抗战结束前,以三五九旅为基本力量组成的南下支队,分为第一、第二两个梯队。王震、王首道率领的第一梯队是三五九旅的主力,已于 1944 年 12 月从延安出发进入豫西,随后即南下湘中。1945 年 6 月,第二梯队也从延安南下出发,任务是同王震率领的第一梯队会合,到湘鄂赣粤广大地区,开展革命运动。

东北 1945 年光复后,已行走在南下道路河南省地段上的第二梯队,改南下为北上,昼夜行军奔向东北。黄振荣参加的第二梯队,有延安赴东北三五九旅刘传连参谋长、晏福生副政委率领的延安留守部队,陕甘宁警备第一旅文年生旅长率领的第一旅、抗大、中央干部团(也叫上干队)组成的北上支队,共计 6300 人。北上支队加入了东北自治军,也称自治军三五九旅。

1945 年 12 月,由抗大到达东北的何德全同志,到一队去调几名学员到护路军工作,其中便有黄振荣。黄振荣到达梅河口后,被分配到东北东部护路军一大队,当大队长。以后又将三个大队改编为一个团,由黄振荣担任团长。

当时东北形势很紧张,部队往后方转移,上级又把黄振荣留在最后面,带领两个连掩护。他维持吉林车站的秩序,保护铁路的安全,是最后才转移的。部队当时的形势可以说是既复杂又紧张。

当时供给困难,除粮食外,一切被服和用品,皆由部队自己解决,自力更生。大家想了很多办法,千方百计地保证了部队的供给。

1946 年 8 月,黄振荣又被调到东北东部护路军司令部担任参谋处长,主要的任务是建立勤务保证部队供应。

1947 年 1 月,黄振荣就任东北中部护路军第一团团长。

1948 年 8 月,护路军改为铁道纵队。黄振荣就任东北铁道纵队四支队桥梁大队大队长。部队只负责抢修工程,工厂和农场都交给上级了,部队的供给也有了头绪。

1948 年 12 月,黄振荣又担任铁道纵队第四支队副支队长兼参谋长。

部队改编以后,第一项任务就是清抚线紧急抢修工程。当时黄振荣自己虽然不懂技术,但他不辞辛劳地和部队一起抢修桥梁,提前完成了任务。随即进关抢修京汉路,还是提前完成了任务。为此,铁道部部长兼铁道兵团司令员滕代远,决定为四支队负责干部各记大功一次。

大军南下,进关抢修山海关铁路时,黄振荣听说古冶和唐山的敌人要撤退,为保证百万东北野战军顺利入关战斗,带领一个半营的人员,当晚就赶到古冶,乘上火车,进入唐山。到唐山后,就派人把机车库、车站及机场都守卫起来,并把40多台机车分散隐蔽,防止敌人的飞机来轰炸。当日,黄振荣又命令车站人员一律上班,恢复车站秩序,所有铁路的机车和公共财产,都派人去看守。这种做法得到上级组织的充分肯定。

第五章　　在抗美援朝战场上

　　壮士征鞍未解,策马扬鞭向前。1951 年 2 月 15 日,黄振荣率部入朝,任铁道兵团第三师副师长。1951 年 2 月 15 日,在这个漆黑的夜晚,黄振荣等志愿军铁道兵三师首长,带领志愿军铁道兵第三师,秘密渡江出征。

　　队伍在统一指挥下,匆匆步行到丹东火车站,登上 6 列铁皮军用列车。清点人数,逐级上报,然后静悄悄地开车了,祖国,就这样慢慢地消失在夜幕之中。当列车穿过鸭绿江大桥进入朝鲜战地时,将士们即看到了两种截然不同的景象,遥望丹东那边,灯火辉煌,而朝鲜曾经美丽的新义州已变成一片废墟,黑暗中还看到许多房屋建筑正在燃烧,将士们顿时感受到战争的残酷,和抗美援朝保家卫国的必要性。

　　黄振荣带领铁道兵三师直属机关,乘坐其中一列列车,进入朝鲜不到 2 个小时,就遭到美机猛烈地轰炸扫射。虽然列车听到防空枪声后,紧急地开进了附近的一座隧道里,但美机仍然将炮弹打进洞内 30 多米,造成两死一伤的惨重后果。由于当时中朝部队没有制空权,只能被动遭受美机的疯狂轰炸。美机走后,列车又立即挺进在前往东线的铁路线上,经过定州和顺川车站,那里所有的车站和城市几乎都是一片废墟。过顺川不久,前方的大桥被敌机炸断了。黄振荣命令部队下车,各团由朝鲜人民军向导带路,徒步行军向管区前进。2月26日,各团先后到达管区,开始承担铁路抢修任务。

在炮火连天、硝烟弥漫的朝鲜战场上,黄振荣身先士卒,冲杀在前。并于1952年12月,担任铁道兵团第三师代师长。在抢修大同江铁桥中立大功一次,被朝鲜民主主义人民共和国授予二级国旗勋章和二级自由独立勋章。

1953年3月,为了配合谈判,志愿军酝酿发动一场大规模的金城反击战。

敌人为了阻止我军行动,就千方百计地加紧对我铁路运输线进行破坏。作为重点的大宁江大桥频繁地被炸毁,中、小桥梁及水网路段,也遭到连续不断地轰炸,抢修施工,连日奋战。

由于时间紧急,我军在空军和高射炮部队的掩护下,不分白天和黑夜,24小时连续不断地抢修,可是敌机也24小时不停地来捣乱。

战斗是极其惨烈的,三天中对空作战十多次,高射炮阵地和大桥抢修工地,几乎每天都有伤亡。更主要的是,战士们疲劳过度而精力衰竭。三个昼夜,战士们饿了啃块压缩饼干,渴了喝口白开水,困了打个盹又投入战斗,到最后眼睛用火柴棍也撑不开了,更要命的是,最后的半天又下起大雨。

在这关键时刻,黄振荣冒着大雨,高高地站在脚手架上,警卫员给他披上雨衣,被他生气地甩掉了。他面对疲惫不堪的指战员高声喊道:"共产党员们,英雄的战士们,拿出你们最后的力量和勇气吧,胜利就在眼前!"

说完,黄振荣带头扛起枕木冲向桥墩,一时间寂静的现场沸腾起来了。大家高呼："'一号首长'放心吧,我们保证完成任务。"疲惫的队伍立即变成无敌的洪流,精神力量立即转化为强大的动力,大家齐心协力在上级规定的时间里圆满完成任务。

当满载弹药武器和粮食的列车缓慢地通过大桥时,筋疲力尽的干部、战士几乎倒地而睡。多少年过去了,那场三天三夜不眠的战斗,特别是黄振荣带头冲锋的形象却永远烙印在干部和战士们心中。

中国人民志愿军铁道兵三师抢修大宁江桥的英雄事迹,战后被拍成电影《激战无名川》,在国内外播放,师长原型即为黄振荣。

1953年,为完成以反空降为主的战时任务,中国人民志愿军铁道兵三师根据铁道兵团训练计划,自1953年1月12日开始至5月31日止,利用战时空隙,进行以反空降为主的军事训练。

黄振荣所在师通过组织军事训练队和开办短期军事训练班方式,先后训练营以下干部和战士1 047人。并结合反空降作战方案,组织战斗演习68次。同时,在野战后勤分部的直接供应下,按反空降作战需要,对全师武器进行口径调整,并补充各式枪支1 470支,手榴弹2.18万枚,各种子弹82.7万发。为应付后方物资一时供给中断的情况,还储备了足够2~3个月标准的主副食品和工程、运输油料。

此外,在繁重的战时工程任务中,黄振荣抽出部分兵力构筑防炸坑道和反空降野战工事。从2月25日~4月25日,共计在京义线孟中里至宣川及平北线龟城至定州等重点区间构筑坑道 48 处,可容纳 4 521 人;在京义线车辇馆以北、平北线龟城以北等次要地区,构筑工事掩蔽部 240个,可容纳 4 900 人;在各重点现场构筑防空洞 1 930 个、交通壕 16 376 延长米、机枪掩体 92 个、单人掩体 226 个。

在这期间,美国军为阻挠进行我志愿军进行作战准备与部署,以实现其登陆阴谋,加紧对铁路进行破坏。铁道兵三师管内大宁江、定州、宣州、南市等处成为敌机轰炸的重点。

美国为进一步对战时铁路运输进行破坏,还以 PF 型夜航机于月明之夜,追击我军用列车,对师管内大宁江地区进行封锁。同时为达到彻底销毁战时物资的企图,又以破坏铁路沿线车站作为其重点目标。铁道兵三师京义线管区,临近西海岸,为反美军登陆作战重点战略地区,又是运输我志愿军战时物资的主要通道,故而美军采取种种战术加紧对该线的疯狂破坏,使得敌我斗争的焦点集中在京义线上。

7 个月时间中,敌军袭击铁道兵三师管区,共出动飞机达 99 批,600 架;投弹 2 881 枚,命中率 13%;总计破坏桥梁 27 座次,1 136.5 延长米;破坏车站 230 处次。敌军的破坏行径可谓疯狂至极。

铁道兵三师全体将士在黄振荣的领导下,冒着美机的狂轰滥炸,在抢修现场,不断改进抢修方式和施工方法,抢修速度有了很大提高,保证了战时的铁路畅通。他们在战争中积累了许多宝贵经验。有以下几种:

第一是争取战术主动。为在管区线路长、兵力不足的情况下,保持指挥灵活,完成以京义线为主的战时运输任务,铁三师于京义线定州附近设立联合办公室,由黄振荣亲自负责京义线的抢修指挥。同时,根据备战新建工程完成情况,前后3次部署兵力,发挥了机动性和顽强性。不仅平北线新建工程有了高度集中兵力的可能,而且京义线在抢修兵力少的情况下也保证了运输任务的顺利完成。

为及时掌握敌机破坏情况,突破敌人夜间重点封锁,黄振荣还要求各团增设侦察人员,在重点地区专设机动(抢修)队,并在抢修过程中开展"四预"(预设计、预测量、预施工、预计划),制订抢修方案,争取了战术上的主动。

第二是防护、抢修与运输密切配合。铁道兵三师根据长期对敌斗争经验,在反敌轰炸中采取"防护、抢修、运输"三位一体的对敌斗争战术。铁道兵三师、高炮部队、朝鲜人民军铁路局三方面,每月在黄振荣的主持下召开联席会议,互通情报,研究对策。在确保战时运输顺利的前提下,确定对敌斗争方针,加强作战准备。并且在实际对敌斗争中,互相主动支援,密切配合。

第三是加强维修。在保证随炸随修、粉碎敌机轰炸的同时,为提高运输效率,保证行车安全,争取快速完成战时运输任务,铁道兵三师在黄振的领导下,竭尽全力对管区内被破坏线路进行维修。对京义线部分线路条件较差地区,克服抢修部队人员不足的困难进行改善维修,并战胜自然灾害带来的困难,及时解决了由于片面运输和春融引起的线路爬行、路基翻浆和下沉等问题,提高了线路质量。4月份,根据上级指示,重点对管区内便线便桥进行改善维修,使线路行车时速保持在20~30公里,便线行车时速最低不低于15公里。

5月2日，接到铁道兵团"特殊运输"之电示后，为保证"特殊运输"之安全，黄振荣要求师下属各级领导干部于通车时间亲自值班，增加巡逻、看桥人员，严格掌握行车情况，并命令机动队随时做好抢修准备，从而保证了"特殊运输"期间的行车安全。

随着战时工程的全部完成，黄振荣率领铁道兵三师开始着手进行桥梁防洪工程的调查和设计等准备工作。管区内需要进行防洪工程施工的大小桥梁共计21座，大宁江、清江等主要桥梁在6月1日、2日先后开工，其他各桥随后亦陆续开工，至6月末，完成6座小桥的防洪工程。

1953年7月，防洪工程正紧张施工之时，第一次洪水于10日先期来临，24日、30日，第二次、第三次洪水随后到来。第一次洪峰来势凶猛，京义线大宁江桥水位比1951年特大洪水的最高水位仅低0.9米，车辇馆以北，超过1951年最高洪水水位。

洪水来时，因防洪工程尚未全部完成，故损失较重，共破坏大小桥梁56座，车站343座次，通信线路367公里。大宁江第一、二、三便桥及下行正桥部分维修材料被冲走，未来得及抢救。待洪水稍退，全体指战员便奋勇抢修，昼夜施工并打捞材料。

全管区除大宁江桥外，均于7月27日前修复通车。大宁江桥因连遭洪水的严重破坏，经9个连队冒着大雨夜以继日奋勇抢修，至7月29日晚8时20分才通车。

在朝鲜期间，铁道兵三师在黄振荣的领导下，还广泛开展增产节约运动。开设伐木场、采石场，并设铁工班，自制铁件及工具。同时，配合朝鲜铁路员工将援朝破损车辆

1 254辆,返送中国检修。

1953年7月27日,美国侵略者与我方签订停战协议,朝鲜战争结束,铁道兵三师在朝鲜的战时铁路抢修任务遂告结束。

从入朝参战开始,到1953年7月27日停战为止,铁道兵三师在黄振荣等师首长的领导下,没有休整过,就这样整整战斗了两年半时间。他们主要承担朝鲜中线、东线的反轰炸抢修和西线蜂腰地带的反登陆备战。共经历反轰炸抢修、反绞杀战抢修、抗洪抢修和反登陆积极备战抢修四个阶段。从介川附近的清川江开始,到顺川附近的大同江,再前进到阳德前线,1953年初为粉碎敌人在朝鲜蜂腰部实施第二次登陆作战企图,三师又回防定州市附近的大宁江大桥。转战南北搬了无数次的家,经历了数不清的大小战斗,同当时朝鲜铁道部队一起,在"随炸、随修、随通"的口号下,创造了举世闻名的"打不烂、炸不断"的钢铁运输线",迫使敌人不得不承认他们的"绞杀战"失败。

两年多时间的钢铁运输线上的战斗是十分残酷和惨烈的。据战后不完全统计,在这期间,美机对铁道兵三师辖区出动飞机8 484架次,投弹25 275枚(平均每7.2米1枚),破坏桥梁367座次,车站1 088处次,线路4 160处次,隧道8处,土方275.7立方米。伴随敌人破坏而来的洪水灾害,又冲毁桥梁67座,线路363处次,隧道1座,给水5站次。

铁道兵三师,在黄振荣等师首长的领导下,发扬了国际主义精神,浴血奋战,冒着美机狂轰滥炸,在战时期间,共抢修和重复修复桥梁499座次、3.69万延长米,线路

4 439处次、81.4公里,车站957处次、25.2公里,给水170站次,通信线路8 778.33公里,隧道25处次,总计完成土方53.22万立方米(不含维修数),使用人工118.2万名。

参战期间,铁道兵三师有614名将士负战伤,293名将士光荣牺牲在朝鲜战场,他们谱写了一曲国际主义战歌,在朝鲜人民共和国传颂。

在朝鲜,还有一段小小的插曲哩。

志愿军铁道兵三师入朝后,在抢修工作中经常和朝鲜人民军及朝鲜人民并肩作战,他们一同冒着美机的狂轰滥炸,奋战在铁路沿线。

一次,铁道兵三师师部驻地对面驻扎了朝鲜人民军铁道兵司令部,两部队斜对面开着大门,各有自己国家的岗哨值勤。

一天,铁道兵三师黄振荣代师长空闲时,来到三师营区大门外,突然发现对面朝鲜人民军铁道兵司令部驻地,正走进一群人民军军官,其中军衔最高的那个人面孔很熟。他刚要打个招呼,那名军官已步入院内。

黄振荣沉思了一下,让身边的警卫员去对面,请岗哨传话,说有一位志愿军战友要求与刚才进去那位军衔最高的人民军军官会见。

人民军岗哨一边半信半疑地看着对面路上站着的黄振荣,一边用门岗军用电话汇报。

不一会儿,人民军岗哨旁出现了刚才进去那位军衔最高的人民军军官。他顺着哨兵手指的方向,往志愿军铁道兵三师驻地大门口张望。此人目光和黄振荣目光对上以后,眼睛一亮,带着随身警卫员跑到黄振荣面前,恭敬地给黄振荣敬了个军礼,就紧紧抱住了黄振荣。这位军官就是朝鲜人民军铁道兵关永泉司令员。

两人随后坐在一棵枯木上亲切交谈起来。

关永泉的警卫员和黄振荣的警卫员,一边观察周边情况,一边边说边比画地也交谈起来。

关永泉的警卫员伸出大拇指指向黄振荣,示意黄是比关永泉官衔大的大官,又伸出小拇指指向关永泉,示意关永泉是比黄振荣官衔小的小官。而黄振荣的警卫员摆摆手,做出相反的手势。关永泉的警卫员争辩说:"不对,按朝鲜人民军规定,低级军官见到高级军官要首先敬礼,要不然关司令不会向你们首长先敬礼。"两人争论不下。

看到两名警卫员边说边用手势打哑语,黄振荣和关永泉两人笑了。黄振荣向二人道明了真相。

1945 年,黄振荣随三五九旅第二梯队从延安到东北后,先后任东北自治军护路军团长、四支队副支队长兼参谋长,那时关永泉已追随金日成将军多年,在东北参加抗日。此后,关永泉被编入东北自治护路军,曾任四支队材料科科长。后来护路军又被编入第四野战军铁道兵团。我解放大军入关时,关永泉和朝鲜其他国际友军返回朝鲜。

黄振荣笑着对两名警卫员说:"一别几年后,这次和关永泉相见,他是司令员,我是代师长,谁官大,不就清楚了吗?"

关永泉也插话说:"您曾是我的首长,不管我担任什么职务,您永远是我的老领导……"

这次见面,在黄振荣的警卫员给两位老战友拍照的愉快气氛中结束。

朝鲜停战以后,遵照中央的指示,黄振荣带领志愿军铁道兵三师继续帮助朝鲜进行铁路的修复工程,将被敌机轰炸破坏的铁路、桥梁、隧道全部按照正式标准修复。这项具有国际主义精神的任务,于1954年11月初全部完成。之后,黄振荣又要求各部要在回国前,把营房所有门窗修好,电灯泡换好,要完好无损地向朝鲜移交。各部向朝鲜人民军移交后,受到了朝鲜军方的赞扬。

1954年,黄振荣率志愿军铁道兵三师从朝鲜大馆出发,到定州乘火车回国。离别的时候,朝鲜老百姓几乎是万人空巷地夹道相送,朝鲜阿巴吉、阿妈妮们个个都哭成了泪人,他们满含热泪送了一程又一程,将士们也是泪水涟涟地不停地挥手向异国乡亲们告别,那是中朝人民用鲜血凝结成的战斗友谊的真实体现。

第二天清晨,将士们回到祖国,到达本溪车站。将士们下车吃早饭时,受到了当地党政军领导和广大人民群众的夹道欢迎。群众高举着"欢迎最可爱的人凯旋"的横幅,在喧天的锣鼓声中,高呼着"向最可爱的人学习!向最可爱的人致敬"的口号,将士们心潮澎湃、热血沸腾。

从本溪车站开始,志愿军铁道兵三师就进入了祖国人民热烈欢迎的海洋。接着,在唐山、沧州、济南、潼关等地,每次停车吃饭的时候,志愿军铁道兵三师都要受到热烈地欢迎和亲切地慰问,将士们深深地感到祖国大家庭的温暖,同时也深深地体会到作为一名志愿军战士的光荣和自豪。

1953年11月19日14时,列车到达陕西省华县车站,这就是志愿军铁道兵三师的终点站。这里虽是县城，却组成了成千上万人的欢迎队伍，欢迎会也是空前地热烈，陕西省委的领导也赶来了，各级领导和各界群众代表，都发表了讲话，热情洋溢地致欢迎辞。黄振荣代表全师致答谢辞。

欢迎会后，在人民群众的掌声中，黄振荣带领志愿军铁道兵三师将士们，背着行装、枪支，唱着军歌，威武雄壮地朝着华县政府在县城内事先为将士们安排好的宿营地走去。

没多久，志愿军铁道兵三师换上了中国人民解放军的胸章，番号又改为铁道兵团第三师。不久，又接到新的任务。

黄振荣带领铁道兵三师又开始了抢修新建的鹰（潭）厦（门）铁路的工作。因指挥得力，提前完成任务，取得了骄人成绩。

1952年10月1日，黄振荣以志愿军代表的身份，回国参加了在中南海怀仁堂举行的国庆招待会。

1955年开国大校授衔时，黄振荣被授予大校军衔。警卫员孙永吉曾专程将军衔送达密山，但因部队转业人员太多，没找到黄振荣即返京，很遗憾黄振荣没接到军衔。

黄振荣一生戎马倥偬，九死一生，先后受战伤六次，被定为二等乙级残废军人。

在祖国东北，在北大荒的土地上，黄振荣拖着伤残之身，面临着前所未有的艰难考验，又开始了新的奋斗征程。

第六章　荒原第一道脚印

1955 年 10 月的一个早上,铁道兵司令员王震风尘仆仆地来到位于江西省南平县的鹰厦铁路前线指挥部。刚坐下不久,一位中年军人推门而进,动作麻利地敬了一个军礼,没等中年军人开口,王震高兴地站起来和他握手:"黄振荣,到底把你等来了。"

"说是去北京参加学习班,其实又是折腾我那段'倒霉'的历史。""我们并肩战斗 20 多年了,你的历史,包括你的为人,我王震清清楚楚,用不着背包袱。"将军让黄振荣坐在自己身边,接着说,"八月份,我向中央建议开发北大荒,彭老总批了,你跟我一块去吧,继续并肩战斗。"

对这位师长来说,任务来得很突然,容不得他有思考的余地,下级服从上级嘛…黄振荣回到部队做了简短的工作交代以后,领着妻子赵英华和两个未成年的孩子,来到冰天雪地的虎林,兼任八五〇部农场副场长。而他的主攻方向,王震有所交代:在完达山北部荒原上创建新场。王震将军点将黄振荣,是经过深思熟虑的。

早在延安时期,黄振荣就在王震领导下的三五九旅担任营长。在著名的南泥湾大生产中,黄振荣成为垦荒的带头人,以出色的劳动成果,数次受到王震旅长夸奖,被批准第二次入党。

抗日战争胜利后,黄振荣随三五九旅挺进东北,随后被任命为东北护路军团长。先是保证东北地区被战争破坏的铁路的及时修复,继而率部抢修山海关铁路枢纽,确保百万人民解放军进军平津,荣立大功。抗美援朝战争中,三师代师长黄振荣率部冒着美国侵略者的狂轰滥炸,抢修大同江桥,再立战功,荣获朝鲜民主主义共和国授予的两枚勋章。王震将军是了解这位老部下的。

北大荒的3月,正是冰天雪地。一批曾经经历枪林弹雨的战士,又走上了新的战场。他们以八五〇农场为临时基地,分别向完达山以北、穆棱河两岸和饶河地区的广阔荒野奔去…

3月12日,宝清县政府走进来5位穿着黄军大衣的人。为首的人40多岁,中等身材,宽宽的肩膀。其余4个人,有两个挎着匣子枪,一个倒背着步枪。他们走进县政府传达室,说是要到完达山北来开荒建立农场。宝清县一位副县长在会客室里热情地接待了他们。

"我们是人民解放军铁道兵部队来开发边疆的。"那个中等身材的军人庄重地说道,"根据党中央的指示,黑龙江省委和铁道兵部队党委决定在完达山以北,宝清以东,开荒生产,请你们大力协助。"说着,他从军服口袋里掏出一封介绍信递了过去。

副县长一看那盖有"中国人民解放军铁道兵司令部"关防的通行证写着:"兹有我部黄振荣师长等五位同志,自虎林经密山至宝清,携带步枪一支,手枪四支,希沿途军警验证放行。"

年轻的副县长得知眼前这位威风凛凛而又平易近人

的师长,曾是三五九旅老战士,喜出望外,他紧握着黄师长的手说:"1946 年,我们宝清县城是三五九旅解放的。还牺牲了 63 位同志,全县人民永远不会忘记。现在又来开发荒原,建设新时期的南泥湾,我们一定全力支持。"副县长接着说:"咱们边疆地区就是地方大人少,成百万亩的好地白白荒着。你们一来,宝清就能繁荣啦!"随即又问道:"你们一共来了多少人?""5 个。""5 个?"副县长吃惊地反问了一句。

黄振荣笑着解释说:"大批人马随后就到。我们 5 个人是从完达山以南的八五〇部农场来的。铁道兵部队党委和八五〇部农场党委派我们先来踏看荒地。请你先介绍一下情况怎么样?"

副县长爽快地说:"北大荒就是荒,人烟极少。在大索伦河、蛤蟆通河、挠力河和完达山脉所环绕的几百万亩大荒原上,只有杨大房、四合屯、大河镇、索伦岗等几个居民点。过去小日本驻扎那么多兵,还迁来了一些日本移民,也没有把它开发出来。"说着说着,他站了起来:"可现在,这大面积的荒地就要翻身了。""是啊,我们一定要把它开发出来。"黄振荣坚定地说。

"好,今天下午,我们就召集全县各机关负责同志研究这个事。"副县长说。"这太好了!"黄师长伸过手去和副县长的手紧紧地握着。

在宝清县委召开的干部会议上,各方面的负责同志热情支持开荒产生产。随后,黄振荣决定把张管理员留在县城,找房子、购置和筹划各种物资,准备接待后来的大批人马。第二天,黄振荣就带着计划员甄科、生产股长李海法和通讯员张寿泉3个人，背着干粮、枪弹和地图，向荒原进发了。

出宝清东门，走了十几里路，来到万金山区公所，这是进入荒原的入口处。黄振荣一行三人找到了区长，这是个很风趣的人，他知道了黄师长的来意以后，笑着说："我管的这个区面积大，恐怕在全国也是数得着的，东西两三百里，南北也有100多里！没有人烟，狼和黑瞎子倒不少，有的地方去也去不了，那真是大甸子甩袖——没边啦。""那好啊，越大越好，我们就怕它跑不开拖拉机哩。"黄师长爽朗地笑起来。

"你们要亲自到里边去看看吗？"那位区长问道。生产股长李海法大大咧咧地笑着说："就是冰山雪海，我们也得亲眼看个明白。"那位区长思索了一会儿说："好，我给你们找个向导。杨大房有个老孙头，是个老猎人，我们先找他去。以后我们和农场做邻居了，有什么事要帮忙的，我们一定尽力做到。"

区长领着黄振荣他们离开了区公所，走了40里路，来到杨大房，找到了猎人老孙头。老孙头约莫有50岁，高个头儿，身体虽瘦，倒也结实。当晚，黄振荣他们就在杨大房住下来。第二天清晨，一行五人就上路了，老孙头挎上一支猎枪，背了一口小铁锅和半袋米。

中午时分，来到大索伦河边，走了几十里路，大家的肚子已经饿得叽叽咕咕地叫起来，好不容易在河边上见到了一间茅草房。老孙头说："过河再也没有人家了。咱们就在这儿吃午饭吧！"

这是一个名叫于长海的老头开的小店，冬季接待到山里拉木头、打猎的人，夏季很少有人来往，冷冷清清。现在冰天雪地，正是从山里往外运木头的季节，所以这里倒热闹起来。店门外一连停放着十多台满载木材的爬犁，几十匹马不停地在雪地上踢腾着、嘶鸣着。

黄振荣走过去，用手摸一摸那一两个人才能围过来的大圆木，心里充满了喜爱，想：在这里建造房子，木材是不成问题的，将来农场发展多种经营，这将是多么巨大的一笔财产啊。

一走进店门，那个掌柜的于老头，便冲着老孙头喊起来："老伙计，这回给咱们送来了些什么野味呀？""野味没有，倒给你引来了几位贵客。"老孙头一边从肩上卸下了粮袋，放在桌子上，一边打趣地回答。"你睁着眼睛说梦话，咱们这荒草甸子，哪辈子来过贵客？"于老头的话音未落，就见黄师长他们四个人走了进来，不觉愣了一下，随后便兴高采烈地从人群中挤了过来。

"哎呀，真是来了贵客！解放军同志，里边坐。"可是里边哪里还有地方呢，十多位赶车的老板，把对面两铺炕都挤得满满的。

黄振荣他们只好坐在外边的板凳上。老孙头告诉于老头，黄师长他们是来踏看荒原的。

"哎呀，现在还去看它做啥呀！胡子早叫'王团'给消灭光了。里边雪可深哪，天气又这么冷。"于老头显然把他们看作剿匪的了。"我们是来开荒的。"计划员甄科解释说。

"我们要在这里建立农场。农场，你懂吗？"生产股长李海法又忍不住插上一句。"啊，你们是来开荒的呀，那太好了。这土地荒得实在可惜呀，若能建立农场，我老头子就不孤单了。"于老头很高兴。

"别光高兴了。同志们还没吃饭哩，快搞一点让我们吃了好赶路呀。"老孙头见于老头高兴得忘了招待客人，便在一旁提醒。"那好办。"于老头忙一摆手，向挤在炕上的赶车老板们喊道："哎，哎，请让一让，让这几位赶路的解放军同志先吃，他们是到咱们北大荒开荒建立农场的呀。"

大车老板们一听，忙给让出了座位，还你一句我一句地问起开荒的事来。于老头张罗来饭菜，鱼呀、肉呀的摆了一炕桌。

黄振荣坐在炕上，不忙吃饭，从皮包里掏出地图摊在炕上，对老乡们说："我们是初来乍到，请你们介绍介绍这一带的情况吧。"

从于长海的小店出来，老孙头引路，顺着大车道向东走去。3月的荒原，仍然是一片银白世界。大车道两旁，积雪有半人多高，在阳光的照射下，晃得人眼睛都难睁开。把帽耳朵放下来，大衣领翻上去，倒也不冷。走了一会儿，身上还有些热乎乎的哩。大伙儿又把帽耳朵往上一卷，走起路来呼扇呼扇的。

走不多远，便来到了大索伦河边，又是白茫茫的一片，分不清哪是河岸，哪是河床。沿着大车道，他们登上一道山冈。据老孙头说，每年宝清来拉木头的，就到这为止，附近树林里伐下来的木材，都在这儿装车，再往东，就是真正的荒地了。自从日本鬼子投降以后，十几年来几乎没有人走过，几个孤零零的村镇里的人，冬天上宝清只走荒原北边的爬犁道。当年鬼子修的公路，已经长满一人多高的荒草和碗口粗的树木了。黄振荣一听，兴奋地说："现在我们来到农场的大门口了。"

大家登上山冈向东一看，茫茫雪海一望无边，完达山脉和原始森林，好像是雪海里翻起的滔天巨浪，滚滚蛟龙……看着眼前这幅壮丽的雪天奇景，黄振荣不禁感慨地说："北大荒真是有气魄，现在人们就要征服它了。"说着，他冲下山岗，向着那荒无人迹的雪野走去。大家随着冲了过去，于是，在那皑皑的雪地上，踏出了一行脚印。这是农场的最初一步，也是征服荒原的第一条道路。

荒原上的积雪很深，一脚下去，就没了膝盖，一不小心，就会陷到雪坑里去。大家只好一个脚印跟着一个脚印走。这样，在前头开路的人走不多远，就累得满身汗，气喘吁吁。几个年轻人抢着到前边开路。黄振荣的腿曾负过伤，走起来更加吃力，可是他还是一路走，一路说，一路笑，好像又回到20多年前红军长征的路上。

这天下午，走了不过20多里路，太阳就落山了。天色渐渐黑下来，远处传来阵阵狼嗥声，一行人来到一片树林面前，黄振荣决定在这里露营。

大家放下身上的枪支和干粮袋。老孙头从腰里拔出带来的镰刀，问："师长，搭个马架子吧？"黄振荣笑了："这片树林不比马架子好吗，咱们今天晚上就将就着，下次你来时，我们就会在新盖的大楼里好好地招待你了！"

通讯员小张插话说："那时候，我开着拖拉机去接你。""呔，外行，哪有用拖拉机接人的。那时候我们就有大客车了……"李海法话没说完，引得大家笑起来。

突然，树林里哗啦一声，窜出两头黑黝黝的野兽。

"狼。"小张连忙抓起枪来。老孙头忙说:"小伙子,沉住气,这不是狼,是狍子。黑天不好打,等明天打两只,我请客。"说着,大家用镰刀砍了一些树枝,在树林中间燃起一堆篝火,小张把小铁锅架在火上,化起雪来。

水烧开了,小张先舀了一茶缸,递给黄振荣,调皮地说:"师长,尝尝这北大荒的自来水吧。"逗得大家又是一阵大笑。

他们用雪水熬了半锅稀饭,又烤了几片咸鱼,五个人便围坐在篝火旁吃起晚饭来。他们一边吃着,一边谈笑着,几口老酒,滚烫的稀饭,使得全身都暖和起来。篝火跳跃着熊熊的火花,映照着五张发红的面孔。

黄振荣对大家讲道:"说不定今天晚上,在乌苏里江西岸,在穆棱河畔,也有踏荒者在荒原雪地上露营哩。"是啊,完达山南北,这些日子里,有多少垦荒者露营的篝火在荒原夜空中跳动。这是燃起进攻荒原的信号,它炽烈的地燃烧,给北大荒带来了春天。

第二天天刚亮,他们吃了早饭,继续向前进发,要找到荒原的中心"老三号"。这块地方,十几年前曾是日本侵略者在宝清和大河、虎林之间安的一个据点。

天空布满了阴云,像一口锅扣住这白茫茫的荒原,没有人迹,没有路。"老三号"在哪里呢? 铺天盖地的大雪,把一切都掩藏起来。他们只有看着地图往前摸索着。

近午时分,他们走过了一片广阔平坦的雪原,刚走到山林边上,黄振荣突然站住了,说:"不对,我们已经走过了,按军用测绘地图上所标记的,'老三号'不在山林里边,是在离我们昨夜露营地不过一二十里的地方,怎么我们走了这么远还不到。"

"哎呀,这大雪,我也转向啦。"老孙头也着了急。黄振荣打开地图,根据所走的路线,对照地形思考,然后果断地说:"往回走,'老三号'离这儿不会远。"

踏着没膝深的雪,一边走一边向四下张望,大约往回走了几里,终于在一片较高的岗地上看到了一个个被积雪掩盖着的小土包。黄振荣兴奋地说:"也许这就是'老三号'。"

老孙头左看右看,也肯定地说:"就是这里,过去打猎我还在这里歇过脚哩。"黄振荣看看地图,对李海法说:"你和老孙头向南看一下,有没有公路的痕迹通过那边森林。"

李海法和老孙头去了,黄振荣又对甄科和小张一挥手说:"来,我们扒开雪看一看。"说着就动起手来。大家跟着一口气把那上面一二尺深的积雪扒开。"嗬!下面是土墙哩。"小张高兴地叫起来。可不,雪下是一圈坍塌的土围子,围子里是破败的墙脚。

这时李海法和老孙头也回来了,说东面有一条长满荒草的公路,经过森林边沿向南插去,那是通往虎林的公路。

"老三号"找到了。

"哈,现在我们是站在农场的中心点啦。"黄振荣高兴地说。他一手叉腰,一只脚踏在倒塌的土围子上。"你们看,多么宽广的草原啊,真是天然的粮仓。这里向东通大河镇,向南通虎林,向西通宝清,是个交通要道,我们要把农场的场部建立在这里。"他把地图铺在土圩上,向甄科要了红蓝铅笔,亲自在地图上"老三号"这个黑点上,画了个大红星,然后思考了一下,又在红星旁边写了三个鲜红的大字"曙光镇"。他问大家："这个名字怎么样?"大家连连点头称好,接着几个人便谈起这里的未来。他们在"老三号"歇了一会儿,吃过干粮,便又按着地图上标记的方向向四合屯走去。

下午,天气越来越坏,呼呼的西北风卷着鹅毛大雪,把天地搅成一片。北大荒的"大烟儿泡"来了。风雪刮得人睁不开眼,辨不清方向,好像迷在蒙蒙的大雾里。他们好不容易找到了一片树林,忙砍了些树枝,燃起火来,一个人靠着一棵树,面对着火堆取暖。

翌日风停了,雪原又恢复了平静,他们这才继续向东北方向走去。荒野里看不到一只走兽和飞鸟。大约走了半天的光景,爬上一个高坡,突然,李海法惊喜地叫了起来:"看,前面在冒烟。"顺着他指点的方向看去,果然看到了几缕细细的炊烟。"老孙头,你看那地方是不是四合屯?"黄振荣问。"这一带没有别的村子。"老孙头答。

通讯员张寿泉高兴得自告奋勇地跑到前面开路。向前赶了几步,就隐隐约约地看到四合屯的房屋了。寥寥的几间房子,好像是几个小小的火柴盒,摆在平滑的玻璃板上。大家的脚下更有劲了,有说有笑地向村落奔去。

四合屯是朝鲜族老乡聚居的村庄。他们一走进村子,村里老老少少围拢来一大群,好奇地看着这几位不速之客。看来这个荒原里的小村,是很少有人来往的。他们找来了村长——一个姓金的朝鲜族人,向他说明了来意。村长带着异乎寻常的敬意和热情,接待了他们,把他们安置在两户老乡家里。

黄振荣没有休息,带着甄科、李海法和金村长到村外查看地形去了。他们参观了朝鲜族老乡的水稻田，听村长介绍，在这个村庄的四周，还有着广阔可垦的荒地，离这儿不远的蛤蟆通河，是天然的灌溉总渠。黄振荣想，在这附近安个点种水稻，倒是蛮不错的。他试探地问金村长："我们在这里建一个分场，跟你们学种水稻，怎么样啊？"

"好哇，要是有农场，人多力量大，靠你们的帮助，我们也能很快地实现共产主义啦。你看——"金村长显然是高兴起来，用手指着东面说，"要是能挖一条渠，打通蛤蟆通河，那这片地真成了宝地了。""要挖的。"黄振荣也被这将要实现的理想所振奋，他指着荒原说，"二三年以后，这里不仅要修渠，还要修水库、修公路、修楼房，那时候就不再叫北大荒，而是要叫北大仓了。"

黄振荣他们在四合屯逗留了一天，对荒原的情况做了进一步了解和研究。第二天清早，金村长派了一架牛爬犁送他们转道向西，沿着北边的爬犁道折向宝清。一路上仍然是荒无人烟，一片雪海。路过，"二人坡"、"索伦岗"，他们都停下来，进行勘察。在那张很简单的地图上，已经画满了标记，写满了密密麻麻的字，这是八五二农场的第一张规划图，它展示了这千古荒原新的生命。

黄振荣他们一行人在索伦岗老乡家里住了一夜，3月19日来到了宝清。7天来，他们在大索伦河、蛤蟆通河、挠力河和完达山脉所围绕的大片荒原上，迂回地踏看了一个大圈子。

回到宝清，看到那繁华的街市，与7天的荒原生活对比起来，好像来到了另一个世界。李海法又开起玩笑来："咱们又回到天堂来了。"黄振荣很有风趣地接着说："别急，我们就要在北大荒建立起真正的天堂来了。"

当走进他们的住所时，几个人愣住了。只见门前一并排放着五辆大卡车，屋里屋外堆满了行李卷和物件，门旁挂着一块白色木牌，上面端端正正地写着"中国人民解放军八五〇部农场宝清开荒指挥所"。

管理员和一些新来的干部从屋里迎了出来，一见黄振荣，老远就欢叫起来，分外亲热。黄振荣和他们一一握手问候。

这些新来的干部中，有很多都是黄振荣以前的老战友。如今，他们在农垦事业的新战场上又相会了。

就在黄振荣他们踏看的几天时间里，后继部队上来了200多人。并且送来了大批粮食和物资。宝清县委也做了保证，需要什么，就支援什么。

黄振荣听完了汇报，兴奋地说："同志们，你们来得正好，现在一切都准备好了，只要上级一声令下，征服荒原的战斗就开始。"

完成了踏看工作后，一回到宝清，黄振荣亲拟电文，向王震司令员汇报："完达山北有300万亩可垦地，请大军北上。"

黄振荣回到虎林，便接到司令员的电示："转建部队正整装待命，大量机械已集中，即将出发。望务于5月10日打通虎（林）宝（清）公路，尤其抓紧穿越完达山重点工程，迎接部队。"

一场新的战斗在北大荒即将打响！

第七章　指挥打通虎宝公路

1956年4月上旬,开荒先头部队开进了完达山北,进入了荒原。这时正是解冻期。东边小清河,西边挠力河,北边大酱缸,中间的蛤蟆通河及大、小索伦河相继开化。6条大河,数十条水流上下齐流,把个荒地块块融开,团团围住。通往宝清县城的雪道冰路,变成了水坑泥塘。汽车抛锚、马车搁浅,先头部队被困在中间。最后大家只好脱掉鞋袜,挽起裤腿,背、扛、挑、抬,一站倒一站,遇上小河就趟水,遇上大河就拦河拉绳,系上木排渡过,总算把部队日常必需的口粮、蔬菜运进了荒地。可是,先头部队是为开荒建场打前站的,大批机油、材料和机械工具不搞进来怎么行呢? 正在这种紧急的情况下,接到了上级的指示。

一天晚上,甄科随着黄振荣带着虎林来信,从宝清县城步行赶到荒地。一走进设在解放桥东的临时指挥所的草棚子,黄振荣就叫通信员小张通知附近各中队干部来开紧急会议。通信员去找人的时候,黄振荣摊开了地图,让甄科计算一些有关的数据。中队干部们陆续到了,黄振荣站起来同大家打招呼,询问着战士们的生活情况。当他问到四队刘队长的时候,这位黑黑脸膛的老刘,用他那粗直的口气说:“同志们劲头很足,就是对咱们北大荒这个交通困难劲儿,觉得别扭。”

黄振荣说："你看怎么办？""我看哪，咱们就像楚霸王困在九里山下，确实别扭。"刘队长话音一落，黄振荣和大家都笑了起来。这时人到齐了，大家进荒地后的第一次紧急会议开始了。

黄振荣说："同志们，我们一进入荒地，困难就跟了上来，冰雪融化，江河泛滥，硬要把我们困住，可是真的能困住我们吗？不能。我们不是楚霸王，我们是人民的军队，我们有党的领导。"接着他从口袋里掏出一封信说："你们看，八五〇部农场党委来信了。"黄师振荣这时往挂马灯的地方靠近了一下，首先宣读了北京来的电报。

随后，黄振荣又传达了虎林总场党委关于抢修虎宝线的全面部署和指示。

北京的电报、虎林的来信，像一声春雷，振奋人心。开始是悄悄地议论，接着是热烈地争辩。尤其是刘队长声音最大，他坚决要求让他们四队担负山中那段最困难的工程。

会议开到深夜，黄振荣最后具体明确地安排了各中队的任务、时间、力量分布、物资供应等问题。散会后，黄振荣拍着刘队长的肩膀说："你们这次可是打主攻啊，要和同志们好好讲讲。"刘队长一挺腰板说："首长放心，我们干它20昼夜，完达山哪，不通也要通。"

天刚亮，哨子声就在指挥所的附近响起来了。各中队整好行装，准备出发。这时，刘队长突然跑进指挥所，对黄振荣说道："师长同志，我们班以上干部连夜开了个碰头会，大家对修路都有信心，就是对修桥没把握，连伐多大木头都不知道，这一下把我也难住了。"

　　黄振荣问他："你在部队待了这么多年,怎么连小桥还不会修?"黄振荣把手一摆："好,明天给你们送个桥梁设计图去。"又回过身来对甄科说："今天你就把图画出来吧。"

　　"我?"甄科吃了一惊,刚想说句,"我也不懂啊。"一看师长那种乐观、信任的态度,就把这句话咽回去了。"是。"他像有把握似地回答了一句。刘队长一看,难题解决了,就兴冲冲地走了。部队出发了,战士们背着行李、粮袋,挑着工具、炊具,向完达山前进。

　　送走部队,甄科又随同黄振荣赶赴宝清县城。40公里,傍黑儿才走到。一进县城,甄科就直接跑到县人民委员会。县里同志很热情,虽然下班了,交通科的同志还是给他找了一大套图纸。他高高兴兴地回到办事处,打开一看,傻眼了,什么石砌拱桥、钢梁大桥、水泥涵洞的,全是正规标准设计,这怎么能用得上呢? 正犯愁时,黄振荣回来了,他笑着说："怎么样,设计师?"

　　"设计师看不懂设计图啊。"甄科笑了一下,把一大堆图又摊开来。黄振荣看了一说："这些图留着将来再用吧,现在还是搞花钱少、收效快的。"他拿起铅笔想画个样子,但又停了下来说："你想一想,咱们在朝鲜抢修时的情形,还琢磨不出来吗?"这一提醒,甄科心里亮堂了,对呀,为什么不用战时的抢修办法呢? 于是他就大胆地画了起来。什么"三脚架"呀,"枕木垛"呀,"立排架"呀,"下木笼"呀,这些图就一张一张地出现在桌子上。

　　灯下,甄科和黄振荣谈着,画着,改着,直到深夜才搞完。

　　最后,黄振荣站起来说："明天一早就派个人把图送到各中队去,告诉他们,这是个样子,要因地制宜。还有,你明天到铁工厂去订购一批铁件吧。"

"是。"甄科答应着,可一想,订购什么呢? 他又说,"要什么,要多少,现在还闹不清。"黄振荣想了想说:"来个看图识字吧,明天咱们到县城南门外看看那座大桥去。看人家修桥都用了些什么,咱们参照着办,怎么样?"甄科高兴地说:"对。这个难题也有办法解决了。"

第二天,黄振荣带着大家到宝石桥上搞了两个多小时的观摩。守桥的老头见是几个穿军装的人,一边看一边数一边记一边画,真是莫名其妙。当他知道大家要修荒地里的桥时,才恍然大悟地笑了。

当地铁工厂很支持,他们把其他的活往后排了排,首先接受了甄科的订货。货订好了,甄科又被派到四队工地执行抢修任务去了。

宝清—虎林,120 公里的一条长线上,排开了十几个连队,2 000 多人,全线动工了。三队、四队两个队,北起"老三号"(现在的曙光镇),南到老爷岭(现在的将军岭),在这横盘山腰 25 公里的林区路上展开了战斗。

长满全线的小树,被一棵一棵地砍了下来。树虽好砍,根却难除。土冻得梆硬,铁镐落处,冒起冰花,一镐一个白点,一锹一个白印,成千上万的树根何时才能挖净? 两天过去了,工程进度很慢。傍晚收工回来,统计员把一天的数据汇总起来,送到了刘队长这里。其实,不看这些数据,也知道得很清楚了。刘队长搔着头皮,一个人闷声不响地蹲在草棚子前抽烟,一心想着提高工效的事。

"老刘,今晚各班开个'诸葛亮会'怎么样? 大伙想想办法。"甄科说。"对,我也是这么想的,20天要修这么多的桥,这么长的路,照这样下去,不就垮了?"刘队长站了起来,饭也没吃,就召集排长们布置'诸葛亮会'去了。

晚上在三幢草房里,三个排分别开起了会。大家提了很多建议,最主要的一个办法是"火攻计",用火烧树根,周围化了再刨。办法好是好,可是老刘和甄科都犹豫不定,林区防火纪律很严,普通人连根火柴都不准带进山,要拦山点起一条火龙来,这还得了?

躺在床上的老刘问甄科:"派个人去请示一下怎么样?"甄科说:"对。"老刘猛地坐了起来,下床找人去了。

快天亮时,派去的同志回来了。正巧在三队北段工地上,上级已经批准点火了,但是有一条要求,只准在山谷中离林子远的地方点,分兵把口,不准跑火。这样,大家在南段工地选了几个地点也烧了起来。烧一处挖一处,一天的进度超过了过去的两天。仅仅用了4天的时间,就突破了砍树挖根这第一道关。接着,全线开始了铲草皮的第二阶段战斗。

15公里长的公路上,横盘着46条山坳、水流,虽然没有大川急流,但要在这么短的时间里搞起46座桥涵来,也不是轻而易举的事情。

自开工以来,许多同志都是整天坚持在水中作业,每座桥涵都要把基础清理平整。4月下旬,完达山仍冰雪未融,寒风劲扫。大家脱掉棉裤,站到刺骨的水里,挖着表层的淤泥,刨着泥下的冻土,腿冻僵了,手冻紫了,可是大家还是谈笑风生,精神焕发。

4月25日,天刚亮,工地就树起了一个高大的三脚架子。河南、河北,架上、架下,从清早就忙碌起来。当天要在这荒区森林中试打第一根桥桩。连夜从县城里借来的桩锤、桩轩、钢丝绳,已经安装在工地上。唯恐河底没化透,试桩选了个水深的地方。老刘特别高兴,脖子上还缠了条毛巾,跑东跑西,忙得不可开交。

一切安排就绪,四根大绳各向南北伸开,每根绳旁站了 20 个人,一根两丈多高的木桩立在水中。打桩就要开始了,老刘跑到甄科跟前说:"技术员同志,咱们开始吧。"自从上次搞设计图之后,他一直误认甄科为设计员,虽然甄科一再解释,可他喊习惯了。

甄科说:"你喊号子吧。"打桩开始了。老刘响亮的号子声传了出来,80 人和着他的声音。"同志们拉起来哟——""哎嗨哟啊。""打下第一桩——""哎嗨哟啊。""抢修虎宝线哟——""哎嗨哟啊。""切断完达山啊——""哎嗨哟啊。""迎接大部队哟——""哎嗨哟啊。""开发北大荒啊——""哎嗨哟啊。"

随着号子声,一个大锤,四根粗绳,八十双铁臂有节奏地起落着,发出"咣咣"的声音。高大的木桩终于牢固地揳入河底,最后水上仅露出一小段。

千古荒原上的第一桩打下去了。这个消息立刻传到了山南,传到了宝清。打桩本来是件很普通的事情,但现在在这里,简直成了一件轰动全工区的大喜事。

黄振荣当时正在大河镇、小清河一带探察荒地,计划布点,听到这个消息后,立即写了封贺信派人送来,并且要大家在国际劳动节前一定完成两座主要桥梁的打桩工作。这一指示传达后,全线工地上更紧张了。白天,几十个工地上红旗招展,晚上,几十个工地上灯火辉映。一个星期中,三队、四队共完成了 3 座打桩桥和 20 多座小桥的任务,向五一劳动节献了礼。

到北大荒后的第一个五一劳动节过后,全线展开了大战七天的筑路运动。但是,天气并不帮忙,从 2 日起就刮风,风势越来越大,一天中午,茅草房被揭了 3 次盖。风从山隙中钻出来,从大道上卷过来,从森林上空压了下来,刮得桩架直晃,刮得人们睁不开眼睛。

就在这春季大风的袭击下,大家开始了红五月的激战。七班 15 个人在路东,八班 15 个人在路西,从北向南挖。第一天,七班挖了 750 米,八班挖了 820 米,八班甩下了七班 70 米。第二天,八班起得特别早,防备七班偷袭赶上来,可是到了工地一看,七班来得更早,已经补上了昨天的缺口。两个班的进度向南飞快地前进着。每个人的平均工效从 43 立方米、54 立方米一直提高到 68 立方米。七班、八班高工效竞赛的消息,马上传遍了全线。

大风一直刮了三天,风向由西北变成东南,风声虽小了,但是却引来了雨。先是毛毛细雨,不久,就下起了倾盆大雨。白天大家在大雨中干活,夜晚就在小雨中睡觉,马架子里成了小水塘。三天的大雨,几条小河沟水位猛涨一倍,半面山的积水灌到了工地,向山下冲去。

一天晚上,大家刚躺下,工地上传来一声巨响,一座大桥排架被冲垮了。大家钻出被窝,向工地跑去。几个桥垛正在水中摇晃,堆积在桥头的木料也被冲跑了。

这一次洪水侵袭,给整个工程造成了很大损失,有些线路出现了塌方,有些排水沟被淤泥堵塞。于是,大家又

展开了最后两天的决战,最终度过了这具有决定意义的 7
天。

在伐木过程中,黄振荣被砸伤,身边的士兵劝他歇一
歇,他淡然一笑:"别忘了,我是个二级乙等伤残军人,这点
伤又算什么!"他不顾受伤的手臂,拽过来一条绳子,与其
他战士一起抡起大锤,一下、两下,砸进这已封冻千年的土
地里,咚咚的声音撼动了整个大地。黄振荣高声对战友们
说:"战友们,脱了军装我们还是军人,现在北大荒就是战
场,我们的使命就是为国家开垦荒地,解决吃饭问题。就
是把命撂这儿,咱也要打赢这场战争!"

1956 年 5 月 10 日,最后一块护桥板被固定在桥上,一
辆卡车从山里钻出来,战士们挥着镐锹高喊:"全线通车
了!"这时,大家才发现,黄振荣的手臂上的伤口已经崩裂
了,鲜血浸透了军衣!

黄振荣站在汽车门口的踏板上向大家说:"同志们,从
虎林到宝清的 120 公里直达公路现在通车了,完达山上有
史以来第一次开过来我们人民的汽车。我提议,我们向虎
林党委报捷,向北京兵部首长报捷!""好啊!"人群中爆发
出震撼山林的呼声。

1956 年 6 月 1 日,曙光镇附近,27 台车一字排开列成
阵势,两棵白杨树上,挂着一幅巨大的红布横幅,上写"开
荒典礼"四个大字。

大家正谈论着,突然有几台小汽车向草棚飞驰而来。

"王司令员。"一个人高声地喊道。跟在王震司令员后
面的,还有 3 名苏联专家、指挥部的首长和新闻记者。司
令员挨个儿地和战士们握手,脸上洋溢着和蔼可亲的笑

容。王司令员说："同志们辛苦了。"战士们胸脯一挺,响亮地回答:"祝首长健康。"

王司令员接着说:"从今天起,铁道兵团八五〇二部农场就正式成立了! 今天的开荒典礼很有意义,苏联专家也来了。"司令员还讲到开发北大荒的美好远景。他越说越有劲,每一句话对战士们都是巨大的鼓舞。

最初领着几个人在这荒地踏看、规划的黄振荣,在王司令员讲完话之后,便指着他早已画好的农场规划图,对大家说:"你们看,靠西南是杨大房,往东北是四合屯,这块地方要完全开发出来,国家等于有了 10 个友谊农场。"

黄振荣停顿了一会儿,又说:"开发这大片的荒原,困难也很多,可是我们不要怕,一定要用我们辛勤的劳动、坚强的意志,在很短的时间内把荒野变成粮仓……"

"战胜困难,征服荒原!"一阵响亮的口号声中,破土仪式开始了。

6 月 1 日开荒典礼后,黄振荣没白没黑地奔波在荒原,组织拖拉机大队一百多台拖拉机开荒种豆,完成了试播任务。

黄振荣每次下令,都是徒步来去。每天要走上五六十里。后来,战线越过了蛤蟆通河,在大河镇一带作业,一天要走 100 多里。荒原里野兽很多,黄振荣曾多次与黑熊、土豹相遇,鸣枪打退了野兽。

一次,他在大河镇附近指挥开荒。突然接到指挥部通知,要他连夜赶回场部开会。当晚,他只身一人,在齐人高的草丛中,一气走了 100 多里,按时到达会场,主持了会议。会议后,又到下面去检查工作。还有一次,他因遇上瓢泼大雨,发烧39度多,晕倒在工作地点。指挥部的人把他送到卫生所,他坐卧不宁,又跑回地里检查开荒质量。医生在一台拖拉机上找到了他,着急地说:"你这样下去,会死在这里的!"黄振荣却回答:"若死在这里,我革命就成功了!"完北荒原布满了黄振荣的脚印。

1956年6月3日,王震带领铁道兵十个师的师、团干部,一行120余人,直奔密山。这是一次战略性的踏荒,是正式拉开全面开发密、虎、宝、饶地区的战斗序幕。到密山后,兵分三路,分别到兴凯湖、虎林、宝清等地踏看荒原。

王震亲自带领三师的代师长黄振荣,五师、六师的几位副团长、兵部张主任,以及报社记者和其他随行人员共30多人,前往宝清大和镇一带。

大家挤在一辆敞篷车上,离开密山,取道虎林往宝清进发。车过虎林,进入铁道兵先遣部队刚刚打通的林荫道,弯多土暄,经常受阻。推车时大家弄得满身泥水,黄振荣心有歉意地说:"前几天没化冻,无法夯实。"

"嘿,该表扬你们,这么快就把虎(虎林)宝(宝清)公路打通了,不简单,功劳大大的。"司令员诙谐地说。

走出宝清不远,就被宝清河阻拦住了。河上原先有一座简易木桥,因年久失修,已被洪水冲毁。黄振荣说,就是车过了桥也走不了多远。据说,日本人曾修过从宝清到大河镇的公路,但所有的桥梁都已朽烂,路床被水冲毁,路基上长满了树木,从这里开始只能步行了。

"走就走吧,我们这双铁脚板走南闯北什么路没走过。"王震说着,已走在大家前面。王震的警卫员刘明江担心首长手术的伤口发作,怕首长吃不消,便紧紧跟随着。

"怎么样,小胖子？我叫你不要拿大衣嘛,你看,成累赘了吧?"王震反而关心起他来了。"您动过手术没多久,冷风一吹犯病咋办?"刘明江解释说,"您不是经常腰痛吗?""咱们慢走勤休息。"兵部张主任凑上来说。

"我看呀,我打头,要是司令员在前头,我们都得累趴下。"黄振荣说着走到头前去了。"好,好。"王震说,"今天你是领队,又是向导,你说的算。""我可没有夺权的意思呀。"黄振荣说得大家大笑起来。当夜幕降临时,大家拖着疲惫的身躯来到"老三号"。

"老三号"原是日本人建立的大东开拓团所在地,由于这里紧靠完达山,又在宝大线上,日本侵略者经常在这里集结,袭击抗联部队。1940年,在抗联第二路军第二支队政委王效明的领导下,夜袭"老三号",一举歼灭了全部日寇,放火烧掉了据点,留下一堆土围子。鬼子不甘心失败,又在索伦岗(现八五二农场七分场所在地),另建了二号、三号据点。后来猎人经常来这里落脚。为区别于索伦岗上的三号据点,把这里称为"老三号"(现为八五二农场种畜站,人称老场部)。

这时,黄振荣说:"我们起名曙光镇,准备在这里建场部,报请司令员审批呢。"王震听了没有马上表态,他在思考着。当天晚上,大家住在部队新建起的马架棚里。

第二天早饭后,王震反复嘱咐黄振荣,场部一定要建在山里,不要占好地,说着带领人马上路,奔往大和镇。大和镇离这里百十华里,山多林密,沟壑纵横,行走更加艰难。黄振荣派人正建桥修路。

"你知道大和镇地名是什么意思吗?"王震边走边问记

者陈忠远。记者摇了摇头,说不知道。"是日本人起的名。"黄振荣插话说,"日本大和民族嘛。"王震说:"他们妄想长期霸占这个地方。""结果留下了侵略的罪证。"张主任补充说。

"现在建立的东兴乡人民政府,实际上只有20几户人家,百十亩耕地,周围100多万亩荒地开出来能建一个大农场。"黄振荣一边走一边介绍了大和镇的情况。

太阳偏西时,大家来到小青山上,这里是密密麻麻的次生林。大家借助一棵被风刮倒的大杨树休息,又累又饿,便以树干当桌,共进午餐。

这时,大家仿佛听到什么响动,王震拿出望远镜,站在树干高处,观察西边辽阔的草原。"有情况!"黄振荣突然惊诧地说。

随着窸窸窣窣的响动,出现在大家面前的是一位猎人——一个中年汉子,手持猎枪,身背挎包,看样子不走运,一无所获。见了这帮人,他先是吃了一惊。黄振荣主动上前跟他打招呼,他说他叫李喜祥,说来真巧,当兵时他还是黄振荣的部下。黄振荣转身介绍说:"这就是我们的王震司令员。"

李喜祥欣喜若狂地迎上去,敬礼后,双手紧紧握住王震的手说:"司令员好,我是您的老部下、老战士。""我们是来踏看定点的,再过几天将有大批人马来这里开荒,建设机械化军垦农场,咱们一起干吧。"王震高兴地说。李喜祥听后好像自己年轻了许多,激动得连连说:"好,好,好,太好了,太好了。"

随后,李喜祥把大家带到大和镇。一位朝鲜族的韩姓乡长接待了大家。一刹那,部队要来这里开荒办农场的喜讯传遍了家家户户。大家奔走相告,十分高兴,腾房子,送被褥,端来热菜、热饭,像迎接当年的子弟兵一样,把踏荒的同志接到了自己家里。

大和镇即将苏醒,迎接一个新的时代曙光。

第八章　大战蛤蟆通水库

　　蛤蟆通河发源于完达山北麓。清代《水道经注》称其为穆图河（满语水滨之意）。过去，由于这条河流河道弯曲，河床高低不平，桃花水下来时，泛滥成灾，干涸时，当地人形容是"河道不通，蛤蟆通"。

　　为了根治这里的水患，王震曾四次踏看蛤蟆通河。1957年7月，王震率黄振荣、匡汉球第一次到蛤蟆通河区域进行实地考察，总体摸清了蛤蟆通河的走向。

　　1958年8月，王震第二次来到蛤蟆通水库坝址考察。将军注视着从完达山崇山峻岭中奔泻而下的蛤蟆通河，河水一经过脚下就被两岸高耸入云的悬崖峭壁环抱了起来，形成"虎口夺门"之势。他斩钉截铁地对黄振荣说："老黄，经过两次实地考察，我的决心下定了，就在这里建设大型水库，比北京的十三陵水库还要大。"黄振荣听了备受鼓舞，兴致勃勃地说："蛤蟆通河两岸的沼泽地可以开出来了，这里黑土层厚，地力肥，我们农场可以大发展了。"将军继续说："按我设想，水库一建成，这里就成了米粮川、打鱼湾、花果山啦。到那时，塞北变江南的梦想就成为现实了。"

　　这次陪同王震考察后，黄振荣立即组织水利部门进行勘测设计。

1958 年 8 月 17 日，一行 13 人的测量小分队向蛤蟆通河进发了。大家的任务是为蛤蟆通水库坝基选点测绘。

出发前，八五二农场水利科长张汉高把大家召集在办公室里，说黄振荣场长有事要对大家讲。刚一坐下，黄振荣就来了，他一进门就说："蛤蟆通水库就要开工了，你们是先遣队。"

黄振荣不愧是老红军战士，讲起话来三句不离本行："先遣队要把地形地物、'敌情'民情闹清楚。在哪安营扎寨，在哪里选点筑坝……都要搞出一个眉目来。"说到这里，他离开了讲桌，向挂有八五二农场地形图的那面墙走去，用手指着纵贯八五二农场的蛤蟆通河说："这就是蛤蟆通河，我们是在它的上游修水库。这个水库建好后能浇灌 30 多万亩地，能养鱼，能发电，能建疗养院……"他一边掰着手指一边兴奋地说。

接着，黄振荣又向大家介绍了蛤蟆通河的现状和历史："每年从完达山下来的桃花水，都流向蛤蟆通河。因河床小，水都漫进了草甸子，你们看……"他用大手在农场地图上一挥："这片大酱缸就是这样形成的呀，一到旱季，留在草地上的水下不去，蛤蟆通河却断了流，这时只有河里的蛤蟆才能通，这就是蛤蟆通河名字的来历。"大家听到这里，都点了点头，赞同老场长的说法。

黄振荣又说："这个水库是自己设计的，你们都是工程师、专家。"大家一听都愣住了，因为这十多人都是 20 多岁的青年军官，来北大荒才四五个月。虽然当中有几个人曾在云山水库工地学习了两个多月，但水平都不算高。于是，大家异口同声地说："我们是半路出家，搞这么大的水库有困难呀。"

这时,只见老场长脸上呈现出期待的神色,说:"大禹没有上过一天训练班,治水 13 年,上会稽、凿龙门、疏九河,三过家门而不入呢。我们如果也有大禹这种精神,什么困难都能克服呀。"听到老场长这些话语,大家感到浑身火辣辣的,好像有股劲儿从身上涌了出来。

从办公室出来已是 9 点钟了,大家匆忙地上了车。张科长看了看表,拔腿向伙房走去,一会儿只见这个四川大个子从伙房抱出一口行军锅来。锅里放着一堆窝窝头、一块盐巴和一串辣椒,不用说,这些东西就是大家中午的午餐。汽车在新开辟的山间公路上颠簸了 40 分钟,终于到蛤蟆通河了。

水库坝基选在两山之间,中间是一块约 1000 米宽的开阔地,东面是挺拔峻峭的完达山主峰,像一堵墙拔地而起。西面是"龙回头,"地势险要。开阔地上长着柳毛子、黑槐、小叶樟等灌木,葱葱郁郁像一池秧苗,一踏进这绿茵茵的青纱帐,就像没入苍茫的海底,幽静而深邃。地上积了一米多厚的败叶,虽然有一股润湿而腐朽的气味扑鼻而来,但使人感到清新。蛤蟆通河就在这片密林中穿过,淙淙的流水左旋、右盘,泛着一串串漩涡欢快地向东北流去,水是黑蓝黑蓝的。林子里偶尔掠过一阵清风,声音是那样柔和,与淙淙的水声和鸣,形成和谐的声响,好像在演奏着动听的乐曲。

在这里搞测量真难,十米以外就看不见人,用尺子扯了半天也没有测出个点来。后来还是张汉高想出一个"绝无仅有"的招儿——他命令大家上树,把红白小旗绑在树梢上,用这个办法才测出一条坝基线来,直忙到 15 时多才算完成"初测"工作。这时,大家已是又饥又渴,收拾了工具,便向行军锅奔去。张汉高却伸出两只大胳膊护住锅:"莫急,莫急,还有一个任务没完成呢。"他站起来郑重地对大家说:"现在我宣布,北方人上山,南方人跟我下水,司机刘纪增是寒腿,留在这里拾柴烧锅……"说完他便首先下了河摸起鱼来,不一会儿工夫,大家便在柳根下捉了十几条鲫鱼和几条鲶鱼,上山的同志采来一堆鲜蘑。

当大家用"黄金塔"就着鲜鱼炖蘑菇时,才想起临上车前张汉高那句"菜好不怕饭孬"的话来,原来他已经来过蛤蟆通河多次,与河里的鱼不是新交了,难怪他要和大家"卖关子"。

大家一面吃饭,一面望着那一长串迎风飘扬的红白小旗,俨然大坝已矗立在大家面前,庄严、自豪之感油然而生。在美妙的自然环境里,加上人的创造,不就绘制成一幅人间美妙的图画来了吗!

1958 年 8 月,王震又视察了现在蛤蟆通河的坝址,决定在两山之间筑坝截流,正式批准蛤蟆通水库的施工计划。

1958 年 11 月 28 日,蛤蟆通水库工程开始施工,当年入冬前,千人上阵,肩挑筐,手推车,展开了热火朝天的修水库战斗。

在 1959 年 4 月桃花水下来之前,顺利完成一期工程。长 800 米、高 5 米的大坝像一条长龙,横卧在"虎口龙门"之下,一座比北京十三陵水库大两倍的大型水库,静卧在完达山脉的崇山峻岭之中。

5月初发生春汛，因当时尚未开挖溢洪道和输水洞，坝前水深5米时，坝后老河道处出现管涌，在水库将要漫坝的情况下，被迫将坝右侧750米处炸开缺口，作为临时溢洪道，将库内蓄水放空。水库建设遇到了挫折。

1960年春天，王震部长第三次来到蛤蟆通水库，他对黄振荣说："你们一定要把蛤蟆通建成养鱼池啊。"

1961年，我国正经历三年自然灾害，许多大型工程项目下马，蛤蟆通水库建设也暂时停工。7月的一天，王震部长与粟裕大将一起，在黄振荣等人的陪同下来到蛤蟆通水库。待心情渐渐平静下来，王震转过身对粟裕和黄振荣说："我相信困难是暂时的，这座水库一定会建成，到那时这里就是米粮川、打鱼弯、花果山！"

到1972年，水库大坝再次合龙。至1974年，蛤蟆通水库修复工程正式完工。黄振荣生前未竟的事业终于完成。

1985年8月28日，王震视察黑龙江垦区时，第四次视察了蛤蟆通水库，并挥毫题写了"蛤蟆通水库"。

如今的蛤蟆通水库面积38.8平方公里，蓄水1.27亿立方米，灌溉能力35万多亩，控制山区面积473平方公里，防洪耕地面积37万亩，是黑龙江省最大的人工水库之一，属于富养型水库，1982年被黑龙江省国营农场总局列为渔业基地。名贵的高背银鲫、花鲢、油鲤、肥鲶等十多个品种透水可见。游人环水垂钓，斤把重的鲫鱼、鲤鱼伸竿可获，捕获鲜鱼数量最高年份为50万公斤。

1980年，黑龙江省人民政府将总面积为2.6万多平方公里的饶河、虎林、宝清三县划为东北黑蜂保护区，蛤蟆通水库就位于保护区内。这里生产的椴树蜜与我国南方的荔枝蜜、华北的枣花蜜齐名,具有收敛创伤、促进伤口迅速愈合的功能。特别是它的王浆蜜,含有丰富的葡萄糖、蛋白质、多种氨基酸和多种维生素,以及促进发育和延长生命活动的物质,可帮助人体生肌活血、细胞再生、养胃增食,长期服用对消化性溃疡和十二指肠溃疡有特别疗效。

　　蛤蟆通水库管理处还与黑龙江省水产研究所共同开发农业部重点科研项目——"冰封型水库的开发综合技术研究"。该课题主要研究内容是对蛤蟆通水库实行鱼类种群结构调整,多途径培育鱼种,网箱养鱼配套工程,改进捕捞方式,优化渔业管理体系等综合技术措施,已总结出蛤蟆通水库渔业增产的一些规律,并为冰封型大中水域的开发利用提供新的模式。此项研究使蛤蟆通水库鱼产量比试验前提高 22 倍,亩产达到 25 公斤。

　　2014 年 8 月,连续三年的全国龙舟比赛和全国钓鱼比赛在蛤蟆通水库举行。

　　经过近 60 年的建设和开发,蛤蟆通水库已成为闻名遐迩的旅游胜地,引来远近各方的大批游客观光旅游,成为农场一道靓丽风景线。

第九章　带病为粮食而战

　　长林岛原名长林子,位于黑龙江省宝清县境内。七星河与挠力河汇合的三角地带,形成宽广的湖泊,中央有一块突出水面的陆地,丛林尽生,故称长林子。1963年,新闻电影制片厂来此拍摄反映垦荒战士艰苦创业的新闻片《长林岛》,从此长林子改名长林岛,今为五九七农场第四管理区所在地。

　　长林岛总面积385平方公里,由于它的战略地位和优越的自然条件,东北沦陷时期曾是抗日联军的密营地。1957年,王震指示场长黄振荣开发长林岛,黄振荣组织邻近长林岛的八五二农场三分场第三生产队全体干部职工进岛开荒。1958年,数百名复转官兵分批进岛,扩大开垦面积,到1959年,长林岛发展为五九七农场四分场。1992年,长林岛的耕地面积发展到21万亩。现在的长林岛三面环水,水草茂密,既是天鹅、丹顶鹤、野鸭良好的栖息场所,又是富产稻米、水产品的"鱼米之乡"。

　　1959年,八五二农场第一次接受生产商品粮任务,同时也是国家不再向农场投资的一年。

　　这一年,春天来得似乎比往年早些,3月初冰雪就开始融化。一整个冬天在完达山里执行运木任务的机车刚调回不久,只有很短的时间对它们进行检修,又没有增加新的机车,任务比往年大得多。除了必须播种供应本场作为口粮、种子、饲料的粮食以外,还要播种大豆将近50万亩!

小麦刚播完,年近50岁的黄振荣,高血压病又犯了。从农场还没有一间房、一亩地的1956年3月开始,他风里来雪里去,三年如一日为农场的创建而辛勤地操劳着。特别是在1959年春天,李桂莲书记调到其他垦区以后,压在黄振荣身上的担子就更重了。整个春天,他没闲过一刻,不是去这个分场了解小麦播种情况,就是去那个分场检查整地质量。即使在家里也待不住。大家还都有个习惯,无论大事小情,总是找场长。别说黄振荣还有病在身,就是身强力壮的人,恐怕也难以应付。

为了让场长能好好休养一下,新上任的党委书记耿志义不知道费了多少口舌。可黄振荣总是摇头拒绝:"不行啊,老耿,现在不是养病的时候啊!"

一天,耿志义刚从各分场转了一圈回来,一下车,秘书就跑来告诉他,黄场长又病倒了。耿书记顾不得回家休息,连忙跑到黄振荣家里。只见黄振荣正趴在炕沿上,一个劲儿摇电话,电话又老是接不通,急得他脸通红,冲着电话筒直喊:"喂,喂! 怎么搞的?"

耿书记一声不响地走到跟前,按住电话机,半晌才说:"老黄,你是想把革命本钱都赔掉还是怎么的?"

黄振荣见是耿书记来了,才无可奈何地放下听筒,叹了口气,转过身来,指着桌前的皮圈椅,客气地说:"你回来了……坐吧!"然后就冲着耿书记嘿嘿嘿地笑了。好像是说,"有什么办法呢,事情总是这么多,又都是非管不可的"!

耿志义面对这位工作起来像一团火,而又不善于照顾自己的战友,感到又是同情又钦佩。他带着一种半开玩笑的口吻说:"老黄啊! 你再这样不爱惜身体,我这个当班长的就要用组织的名义向你提出建议了。"

黄振荣又嘿嘿嘿地笑了,忙说:"对,对,下次不了,下次不了。你看,我烟也不吸了,酒也不喝了,还要怎么注意呢?"

"可是你……""你不是不知道,咱们今年的任务……老兄,48 万亩大豆,我们的机车才从山里回来,链轨板都磨损光了……"

黄振荣也意识到,用不着向耿志义说这些话,所以刚开了个头就笑着把话截断了。耿志义狠狠地吸了两口烟,像是下了决心,又像是征求意见,说:"老黄,我们明天开个常委会,专门研究一下你养病的问题,你看怎么样?""我看没有这个必要!""不,有这个必要……说真的老黄,当前咱们场任务这么重,光靠几个领导,就是把老骨头累散了架也不管用呀! 主要的还是应当发动群众……"黄振荣不作声了。耿志义见自己的话起了作用,引起了黄振荣的沉思,便转开话题,问:"刚才你给谁挂电话?"

"一分场。不知道他怎么搞的,跟二分场比起来,同样都是老场,条件也差不多,可就是……"说着说着,黄振荣又激动起来。没等他说完,耿书记就接过话头,信心十足地说:"今天我正好也上一分场去了一趟,他们的工作有很大起色,你尽管放心吧。"

第二天,在总场党委的常委会上,耿志义把在一分场看到的情况做了介绍和分析。黄振荣听了之后,很感叹地说:"群众发动起来了,还有什么困难克服不了呢?"他心里也踏实了,并表示一定好好休养。

耿志义在几个分场转了一圈回到总场以后,抽空给黄振荣写了一封信,把一分场、二分场以及其他分场的情况都详细地告诉了他。耿志义在信的结尾部分说:"指挥生产像指挥一场复杂的战斗一样,情况随时都在发生变化,做指挥员的,不能有一点急躁和疏忽,而必须冷静和沉着,在这一点上,我感到自己修养还很不够……不过,还是那句老话,你一定得安心休养,早日恢复健康,入秋后,再回来和我们一起指挥秋收大战。"

黄振荣哪里休息得住,他早就憋足了劲,摩拳擦掌,要大干一场呢。

1961 年,刮起"浮夸风",黄振荣坚决抵制:"什么鬼经验,一点儿不讲科学道理。种子离开土,靠什么生长?"

这一年,八五二农场靠科学种田获得了大丰收,黄振荣对职工做出"共产党就要百姓有饭吃"的庄严承诺,掷地有声。

第十章　向祖国人民汇报

　　在国营农牧场的建设中，必须贯彻勤俭办场的方针，在建场初期要根据具体情况，实行一面建场，一面生产，争取当年有利，以便最大限度地发挥国家投资的作用。以密山农垦局(黑龙江省)的八五二农场为例，它在从1956年6月起不到一年半的时间内，开垦荒地45 200公顷，建筑房屋130 000平方米。两年来，投资仅16 846 000多元，其中开荒投资13 339 100元，每亩平均投资仅19.66元，是全国投资最少的一个农场。它们的特点是：(一)认真贯彻边生产边建设、从生产中求建设的办法。(二)贯彻了精打细算、就地取材、因陋就简的做法，各种事情亲自动手，如架桥、盖房，安装电灯、桌椅等办公用具，完全是转业官兵自己制造的。同时根据忙闲季节来安排劳动力，农忙种田，农闲时就进行基本建设。这个农场的经验，是值得其他农村参考的。

　　——中共中央副主席朱德在农业水利工会代表大会上的讲话

　　1958年5月的《人民日报》的新闻报道《复员官兵在北大荒农场艰苦创业》这样表述：

　　"棒打獐子瓢舀鱼，野鸡飞到饭锅里。"这是初到黑龙江省东部草原开荒的人们常常见到的景色。

战斗在草原上的有13 000万名复员的铁道兵官兵,其中有些人参加过20多年前的红军长征。还有从祖国各地来的技术人员、工人、农民和青年学生。

1956年3月,铁道兵代师长黄振荣带着三个士兵从八五〇农场出发,向荒原北部进军。这片地区到处积雪过膝,雪上还凝着薄冰。他们白天踏着冰雪开路,晚上就依山傍林,点起篝火,化雪吃干粮,并且借着篝火的光,把山、河、沼泽、森林等标明在图纸上。然后他们就在雪堆里刨个窝,偎依在一起躺下来。草原上的夜是寂寞凄凉的,狂吼的风不时传来饿狼的叫嗥。战士们睡熟的时候,黄师长有时还抱着枪守卫在篝火旁。在这种没有交通工具和观测仪器的条件下,他们终于完成了任务,对即将建立的八五二农场做了初步地布局。

现在,除了八五〇、八五二两个农场外,在这片荒原上已经建立了12个农场和4个大型畜牧场基地。他们的阵势很强大,国家也给了他们1 100台拖拉机。预计到1962年,就能将草原上1 000万亩荒地全部开垦出来。

1960年的春节就要到了。这时,一个振奋人心的消息传到农场:全国农垦工作会议2月底要在广东省湛江市召开! 这次会议是我国农垦事业诞生以来第一次全国性大会。总场党委当即决定,由耿书记率领几位同志去参加这个大会。并指定吴文辅秘书、甄科和几名技术员准备参加会议的材料。几个人从耿书记那里接受任务回来时,心情都很激动,这不是一般的会议材料,这是向党和祖国人民汇报啊! 大家怀着一种庄严、光荣的感情,开始了这项工作。

　　窗外响着噼噼啪啪的鞭炮声。办公室门口挂着几盏大灯，射出了耀眼的红光。门两旁贴着"密虎宝饶千里沃野变良田　完达山下英雄建国立家园"十几个斗大金字的春联，更显得光彩夺目。这还是王震部长1957年冬季，来垦区八五二农场与大家一起过年写的春联，如今春节到了，大家又把它贴上了。

　　除夕这天晚上，甄科和吴文辅在办公室值班，翻看着建立农场以来各个时期的资料，为写建场史做准备。突然，老吴像发现什么新东西似的喊道："你看，这是什么？"接着他就念了起来："中国人民解放军八五〇部通行证。兹有我部黄振荣师长等四名同志自虎林经密山至宝清，携带步枪一支，短枪两支，希沿途军警验证放行。1956年3月10日。"

　　看到这张已经旧得发黄的通行证，二人想起了1956年初探荒原的情景：雪地跋涉、松林野营、荒原篝火。这一切，就像是昨天的事情一样。然而，这已经是四年前的事了。四年，这在漫长的历史岁月里是多么短暂的一瞬啊！但是，就在这一瞬间，农场已经从无到有，从小到大地成长起来了。想到这些，大家的心情都久久不能平静。

　　"春节好！春节好！"当朝阳升起的时候，南横林子镇的大道上出现了一群群穿着新装的人，在互道着节日的问候。这时，测量队的袁德秋和张德坚也来到办公室。他们眼圈有些发红，好像是值了夜班。

　　"看，春节献礼。"老袁举起一卷图纸说道，"来，看看我们昨晚搞出的现状图。""嗬，好快呀，我们材料还没写完，你们的图就制出来了。"甄科惊喜地说。

一张桌子那么大的图纸铺开了。意想不到的是这张图这么陈旧了,蓝纸已经变黑。费了很大劲,甄科才看出地图上那些名字和符号。除了"一撮毛"、"二人班"、"老三号",还有许多标志着沼泽地的条形符号。大家都觉得奇怪。"这是旧图,新图在这儿呢!"说着,袁德秋把图纸翻过来,果然是一张新的农场现状图。这张图绘制得那么精致、清晰、美观。"哈,老袁给我们变魔术呢。"吴秘书笑着说。

"不是我变魔术,是咱们农场变了个大魔术。你们看,两张图,一个是过去,一个是现在,变化多大呀!"老袁说。

真的,一个过去,一个现在,这两张图正显示了农场建成前后的情景。甄科俯视着这张新地图,就像从高空俯视农场数千平方公里土地的新貌。

那一片广阔荒野,已经是万里碧波,阡陌纵横。苗壮的水稻、小麦、大豆、玉米代替了小叶樟、旱柳毛和野花荒草。狼、狐出没的地方,现在拖拉机群在轰鸣。那些曾留有日伪"开拓团"土城遗迹的地方,代之而起的是星罗棋布的无数村庄。地图上出现了"钢铁"、"英雄"、"光荣"、"和平"、"曙光"、"丽园"、"红旗"、"草原"等许多充满诗情画意和豪言壮语的新地名,一条条公路,像钢丝紧紧地把它们联在一起。夜晚,万家灯火辉映着,田野里的康拜因、拖拉机的光柱,像是万千天星降落大地织成一片光海。清晨,缕缕炊烟穿过薄雾,迎接旭日东升。

山坡、河畔,现在已成了一个个畜牧基地。苏联种马、蒙古役马、朝鲜牛、来克亨鸡、北京鸭、哈白猪以及本地捕捉的鹿……构成一幅"畜山禽海"的活跃景象。在畜舍和饲料间里,一条条自动线、半自动线诞生了。来自各地的和自己制造的畜牧机械在日夜运转。

完达山林更是一片新景象。山林旁植下了桑树、落叶松等无数林带,山脚下已经建立了农场党校、中等技术学校、良种繁育试验场、气象台、砖瓦厂、果园等。在那茫茫的森林绿海上,飘扬着一面巨大的红旗。远处望去,万绿丛中一点红,这就是诞生不久的一个新型农业城镇——南横林子总场部。在密密的白桦林里,建起了总场部办公室、木材厂、修配厂、汽车队、医院、化肥厂、粮油加工厂、中学、俱乐部、百货商店、邮局、书店、银行等等。而在总场部的边缘还有一个很大的农林场,不但栽培各种农作物,还培育许多珍贵树种。沿山东去,是石灰厂,西去是采煤厂,南去经过采石场就直达垦区现在的铁路终点站——迎春。通过这条漫长的铁路,北京和我们农场直接连在一起了。

随着农场面貌的急速改变,人们在精神上获得了大丰收。

转业军人拿出天不怕地不怕的劲头,在新战场上攻克了无数碉堡,一个个都变成了农业战线上的指挥员、专家和劳动者。

当年的军官家属,成了生产战线上的闯将,一群整天围着锅台转的小媳妇,现在走上了农业第一线。

一代新人成长起来了,让渤海风吹红了脸的山东支边青年,在解放军转业官兵的影响下,走着与老一辈"闯关东"不同的道路,成为农场建设的一支生力军。

祖国英雄儿女用双手为北大荒换上了瑰丽夺目的新装。北大荒这个字眼,也成为历史上有价值的名词了。

　　袁德秋同志卷起图纸,朝着大家说:"怎么样? 这是一张最新最美的图画吧?""这不过是完成了第一部分的任务,咱们还要画一张更新更美的规划发展图呢!"老吴说。

　　电话铃响了,甄科拿起听筒。

　　"甄科在不?"电话中传来黄振荣响亮的声音。

　　"我就是。"

　　"湛江会议要举办图片展览,摄影记者来了,要拍一下咱们1956年踏荒的情况,你上我这来吧。"

　　"是。"甄科随即想起另外两个战友,"李海法和小张呢?"

　　"他俩已经来了,在我这里。"

　　甄科快步走进黄振荣办公的那间小木板房,老李和小张迎了过来,大家同时伸出双手,紧紧地握在一起。

　　"你们来得这么快。"

　　"嘿,正好我们畜牧场肥猪上交,我就跟着拉猪的车来了。"李海法还是前几年那样,脸上总是闪着一种快活的光彩。

　　"你呢?"甄科问小张。

　　"我们的机车到炮手营运木头去了,我回来取零件,'老黄头'就把我扣下了。"小张还是那股孩子气。

　　这时,恰好黄振荣和摄影记者走进屋来,笑着对小张说:"我把你扣下了?"他又指着记者胸前的照相机说:"这个玩意儿还把我扣下来了呢,不然,我早去生产队拜年了!"

　　说笑了一阵,大家就带上皮帽子,披上大衣,背上枪到林子外边拍照去了。

一个多小时的光景才拍完。四位同志遇到一起，大家都很兴奋，不免又想起初探荒原的情景。

黄振荣说："你们看，咱们农场今天和当年初探荒原时的情景相比，发生了多大的变化。不够，这还是刚刚开始，我们这四年才打下了个地基，高楼大厦还没往起盖呢。"

"那可不。"李海法接着说，"就拿我们畜牧场来说吧，从三栋草房发展到现在这样，总算不错了。可我总感到不满足，常想，要是咱们农场的马都变成种马队的那样该多好！要说拉车，一下就能拉十来吨，要说骑用，一小时跑100公里。把那些牛都改成三用的，又出奶，又产肉，又干活，该多好！"

"还有……"小张刚要插嘴，就被老李截住了，"马群、牛群、羊群夏天一放，看吧，漫山遍野。再说，下地是鸡兔，树上是柞蚕，空中是蜜蜂，让你一看眼花缭乱。再看那河面上吧，是迷迷茫茫的一层白雾，你猜是什么？"

甄科刚要回答，小张就打趣地说："蚊子、小咬儿！"

"嘿。"老李把头一摇，"全是鹅鸭。"

小张越听越兴奋，从旁边走到路中间来。

"我看哪，发展畜牧还得靠农业，是吧？场长。"

黄振荣笑着点了点头。

小张像是有了理论根据，劲头更大了："你们说，咱们这个地方要是把河道都疏通了，造上防风林，搞起河网化，办个化肥厂。'八字宪法'一贯彻，一亩地多了不说，就打上400斤吧，那么，咱们全场可耕地130多万亩，一四得四，三四一十二，就是5亿多斤。"他伸出五个指头，好像那就是5亿斤粮食，接着说："就算咱们一人一年吃500斤吧,够 100 万人吃一年的。一个农场养活 100 万人,要是 1 000 个农场呢?"小张突然问甄科。可能他脑子里圈圈太多了,一时算不出了。

"10 亿。"甄科说。

"嗬! 这太解决问题了。"小张高兴地喊起来。大家说笑着来到场部林中。

黄振荣讲:"说起今后的发展来,我就想起王部长 1957 年踏看南横林子的事情。那次部长还批评我们光考虑眼前,不想想长远发展的事。就拿这片林子来说吧,部长把几十年后的事都琢磨了,他再三嘱咐,要逐步改变完达山的林向,把杂木林改种成贵重树木,路边全种上果树。他说,后一代人就幸福了,热天走路口渴了,站在路边就摘果子吃,不比跑河沟里喝脏水强多了。"

"再有,"黄振荣接着讲,"那时,农场的土壤也熟化了,耕地也定型了,也就不像现在三里二里一个小村子了。每个分场都集中起来居住,建成农业城镇,这样,职工的文化、物质生活就会有很大的改善……"

大家你一句我一句地谈着,不觉来到了场部办公室。这时,耿书记从办公室里出来。

书记向黄振荣说:"正好,我找了你一圈。"

黄振荣说:"我们照相去了,回来的路上,几个人做了一场美梦。"

"什么美梦?"书记问。

"李海法和小张大谈了一通远景规划。"

黄振荣一说,老李和小张却有些腼腆了。

"那好啊!"书记笑了,"说起做美梦来,1957 年我在北京工作时,就有些人说什么开发密山垦区简直是做梦。过去是梦,现在却是现实。列宁不是说过,革命者必须要有幻想吗!梦总是要做,年轻人多做几个美梦怕什么?"书记的话引得大家乐了起来。

当夜,大家就开始编制规划图,看着那地图上一个个标上去的红星,书记的话,又在大家耳边响起。是的,这一颗颗红星,今天看来是幻想,明天它就要变成现实。可是仅用这简单的几张图表、几颗红星,又怎能表现出北大荒人的理想啊!

如果说过去的北大荒是一块生长在崇山峻岭中的璞玉,那么现在它已被开采出来,而且经过雕琢,显示出异常可爱的面貌。但真正的美丽还在明天。明天,它将被精雕细琢而成为瑰丽的艺术珍品,展现在祖国的大好河山之中。

一个晴朗的早晨,耿书记和张启俊、陶淑芝、孟庆芬几位代表,在黄振荣和大家的欢送下出发了。他们将代表八五二农场的北大荒人,把几年来取得的巨大成果向祖国人民汇报。

第十一章　与职工在一起

说起黄振荣当年与职工们生产劳动在一起的事,职工们还记忆犹新。

2011 年 5 月,在八五二农场建场 55 周年之际,已 78 岁高龄的李可祥,满怀深情地回忆起当年黄振荣深入一线劳动的感人事迹。李可祥 1949 年 5 月参加中国人民解放军,1953 年入朝,任志愿军铁道兵 8502 部队文化教员,1956 年 6 月,随集体转业来到八五二农场一分场。

那是 1957 年 12 月 6 日,刚刚建场一年多的八五二农场开荒指挥部通知一分场,做一个大榆木爬犁,然后用斯大林 -82 拖拉机把秋天分配给一分场的 20 吨的大油罐拉到宝清报到,然后再从宝清把油罐运到开荒点。当时,李可祥在分场任材料员,一分场场长穆振江把这项任务交给了他。

接到任务后,李可祥按规定时间带着斯大林 -82 型拖拉机,拖着爬犁迎着风雪,到达八五二农场开荒指挥部所在地——宝清县城西北的八五二农场物资转运站。

早已在宝清县城西北转运站一个简易临时伙房等候多时的黄振荣亲自向李可祥讲述了这次运送油罐任务的重要性。黄振荣说:"位于我场西部的三分场即将从八五二农场版图上分离出去,扩建为一个新的农场——五九七农场。你们必须赶在来年化冻前把开垦荒地用的柴油和其他物资备齐运到开荒点。运油罐这是第一步,是开垦荒地关键所在,你们务必克服困难确保完成任务"。

　　说完,黄振荣在伙房找了一根树棍说:"我跟你们去。"一看场长要去,李可祥急了,忙说:"黄场长,您不能去。天这么冷,路又不好走,您这么大年纪就别去开荒点了,我们去就行了,保证完成任务,回来向您汇报。"

　　黄振荣对李可祥摆了摆手说:"我睡不着觉啊,当领导的不去开荒一线了解真实情况怎么行? 那不成了瞎指挥了吗? 开荒点我是一定要去的,就这么定了。"李可祥一看说服不了黄振荣,只好作罢。

　　黄振荣叫农业科的水利员袁德秋买了一包饼干,出发前他又叫来袁德秋灌了一暖壶开水放到拖拉机上。

　　8 点钟,黄振荣顶着刺骨的寒风钻进了斯大林 – 82 拖拉机驾驶室。为了御寒,黄振荣让李可祥和袁德秋钻进了空油罐里。拖拉机轰鸣着启动了。那时的北大荒,冬天天气之寒冷、环境之恶劣、生存条件之艰苦是今天根本无法想象的。

　　大家一出宝清县城北街口,漫天风雪"大烟泡儿"刮得人睁不开眼,寒风吹在脸上像刀子划过一样疼痛,道路沟壑分不清,拖拉机走走停停,这时,气温降到了零下 30 多摄氏度。为了安全,黄振荣不让其他人下车,他自己下了机车,穿着部队发的单薄皮袄,趟着没膝深的积雪用树棍探路。路上他还多次叫袁德秋拿饼干给车长、司机吃,倒水给他们喝,而他自己却未动一口。

　　宝清到新建五九七农场开荒点只有四五十里路,而黄振荣一行晚 8 时多才到目的地,斯大林－82 型拖拉机拉着油罐整整走了 12 个小时。到了新建点后,大家已人困马乏,饥肠响如鼓,开荒点的副队长说:"现在柴火是湿的,生火做饭很困难,做熟饭得用上吨的湿柴火,场长您看饭咋吃?"黄振荣说:"怎么省事简单就怎么吃!"

炊事员端来一盆冻高粱米饭和一盆冻土豆块儿黑汤,说:"实在没办法,就这个条件。头一天生火做饭用的柴火是用灶坑里的余火烤干的,如果做晚饭把干柴用了,明天早上做饭就没有干柴了。"

黄振荣说:"我们就吃高粱米饭和土豆汤,我看挺好!"黄振荣边吃饭边和大家说:"这饭还真好吃,解饿啊。"其实高粱米饭疙瘩里还有冰碴儿呢。

晚饭后地窖子里住不下,黄振荣就让李可祥和司机趁着风停,按照来时的车印返回宝清转运站休息,他和袁德秋就和职工打通铺睡在地窖子里。

八五二农场第六管理区伍芳回忆起,那是 1958 年春天,六分场开荒队队长张继中开着拖拉机在猛虎桥开荒,一块洼塘子把五铧犁堵了。张继中把车停下正埋头抠犁上的泥,一辆美式吉普车一个急刹车停在了路上,从车上走下两人。张继中抬头一看,下车的不是别人,一位是司令员王震将军,一位是场长黄振荣。两人一边说着什么,一边脱鞋挽裤腿。张继中赶紧冲着两人高声喊:"司令员、场长,水太凉,千万别下河。"可两人跟没听见一样,哗啦啦地趟水过了河,来到车前问了下情况,便帮着抠起了五铧犁。一边抠还一边冲着不知如何是好的张继中说:"现在开荒任务紧,这铁家伙比司令员和场长都重要……"

　　1960年夏天,六分场九队的拖拉机手苗聚祥在总场修理完拖拉机油泵,由于当时没有车交通不便,又急着赶回连队干活,便背起油泵急急忙忙地往回走。到猛虎桥时,正碰上黄振荣乘着吉普车去八五三农场。吉普车到小苗身边一下子停了下来,身穿黄军装的黄振荣下车问明了情况后,转身对司机说:"今天咱哪儿也不去了,就送小苗同志回九队……"

　　八五二农场职工孙宝权说,每当他端起雪白的热腾腾的大米饭,就会想起黄振荣吃下那盒冰凉的高粱米饭。

　　那是1958年冬天,一个下着小雪的中午,孙宝权正在虎林东方红东北面炮手营伐木点的工棚里生炉火。这时,从外面走进来一个人,头戴一顶旧狗皮帽,身披一件褪了色的棉大衣,打着绑腿,脚穿半新不旧的大头鞋。从头到脚都落满了雪花,眉毛、胡子上结着厚厚的霜,活像一个雪人。进了屋,来人把头上的狗皮帽子拿了下来,用力拍打身上的雪,又脱下那件棉大衣抖了抖残雪,使劲地跺了跺脚,问孙宝权:"连队的干部呢?"孙宝权这才认出,来人是场长黄振荣。

　　"黄场长是您呀,怎么就您一个人来的?"孙宝权边问边找了一个木墩子请黄场长坐下,倒了一杯开水递到他的手里,"连里的干部都到北山伐木去了。"黄振荣那时还不认识孙宝权,就问他叫什么名字,在连队干什么工作,从哪个部队来的。孙宝权开始还有点拘束,但是看到黄场长那样平易近人,也就无拘无束地和他聊了起来。

　　黄振荣提醒孙宝权,在家要注意防火,注意防寒。黄振荣关切地问道:"现在山里病号多不多?""有三名轻度冻伤,但他们都坚持上山伐木去了。"黄振荣听后,认真地说:"小孙,你要给他们好好地治疗一下,别让他们上山伐木了,让他们在家休息几天,捡些山上的冬青来,放在水里煮一煮给他们烫烫脚。晚上叫伙房烧热汤给同志们喝,要注意防感冒。我在部队时经常用姜、辣子烧汤给同志们喝,预防感冒这个办法很好,别忘了。"

孙宝权只顾说话,还没问黄振荣吃饭没有,就问道:"黄场长,您还没有吃饭吧?"黄振荣接道:"伙房里还有饭吗?"

孙宝权一下感到脸上发烧,赶紧道:"我去看看。"他到伙房一看,剩下的高粱米饭已经冰凉。孙宝权回到工棚,如实地告诉黄振荣。黄振荣笑着说:"没关系,给我搞一碗来就行了。"

孙宝权赶紧又回到伙房,找个饭盒把那高粱米饭装上,赶制点萝卜咸菜端给黄振荣。"您看饭都凉了,放在炉上热一热吧。"黄振荣说:"我自己来热吧。"他一边热一边吃,没等饭热透,就把那盒饭吃得差不多了,那个香劲儿就不用说了。

黄振荣吃着吃着,突然问道:"小孙,你说什么最好吃?"一时还真把孙宝权问住了。过了好一会儿,他才笑着答道:"要是肚子饿了,只要能吃的都好吃。假若肚子不饿,就是鸡鸭肉蛋吃着也不香。场长您说对不对?"黄振荣笑着说:"对,对,我给你打上200分。"孙宝权也笑了。

聊了一会儿,孙宝权问道:"黄场长,您从哪儿来,怎么没吃上中午饭呢?""我从东方红过来的。一路上也没有遇见车,走得我又累又饿,你这一饭盒高粱米饭可解决大问题了,还得谢谢你呀,不然我还要再走十多里路才能吃上饭。"

黄振荣吃完那盒没热透的高粱米饭,又喝了一杯开水,就与孙宝权握手言别,朝着炮手营伐木指挥部的方向走去。孙宝权送黄振荣时,黄振荣一次次招手说:"谢谢你小孙,回去吧,有时间到总场我家去玩儿。"

事后,孙宝权有些后悔,当时怎么没叫炊事员做碗热饭给场长吃呢?他恨自己的粗心,不懂事,时常想起黄振荣在火炉旁吃那盒没有热透的高粱米饭的情景,好像还看到黄振荣站在那里向他招手,叫他到家中去玩儿。

说起黄振荣当年的故事,农场职工刘宋芝想起黄振荣在他家吃的那顿"特殊饭"。

那是 1963 年,东北农垦水利勘测院对八五二农场水利、土地进行全面测量规划,先后完成了小孤山、大小索伦河三大涝区的治理设计。农场决定,当年 11 月份开始抽调 7 个分场和工程大队、良种站 9 个单位的 3 194 人,3 台大型推土机,在小孤山排灌干下游 60 米宽的大干渠上进行施工大会战。由黄振荣亲自指挥,他冒着严寒顶着风雪,头戴狗皮帽子,小腿上缠着裹腿带,脚上穿着棉胶鞋和职工共同奋战在水利工地上,还经常到各单位地窖棚问寒问暖,检查伙食情况,他说:"一定要保证职工吃饱,虽然是窝窝头、大楂子,也不能让职工饿着肚子干活。"

在农场三级领导干部的带领下,经过 30 天的会战,完成了排干 2.9 公里,土方 15.32 万立方米的任务。1964 年 3 月初,黄振荣带领水利技术员步行来到六分场五队,检查小孤山下游干渠施工收尾工作,时任队长的李瑞章陪同。

近6里的渠道检查了一个来回,黄振荣高兴地对李瑞章队长说:"今后的小孤山涝区彻底解放了,不但一、二分场可以大面积开荒,而且你们六分场也可以扩大到五万亩地"。

检查完工作后,黄振荣回到五队已是下午1点多了,食堂已开完午饭。李队长带着黄场长和水利技术员一同来到刘宋芝家里。李队长是单身一人,刘宋芝爱人头年回老家探亲,李队长就住在他家,平时他们都在食堂吃饭,黄场长这么晚回来,却谁也不会做饭。

李队长指着刘宋芝说:"你到食堂叫炊事员做点面条吧。"黄振荣场长一听,马上制止说:"老李啊,咱们不能搞特殊,职工吃啥咱吃啥。"李队长说:"吃个面条算什么特殊啊!"黄振荣严肃地说:"不行!"他对着刘宋芝说:"小同志,你到食堂打饭去,有啥吃啥。"刘宋芝到食堂一看只剩下窝窝头了,那个年代生产队哪有新鲜蔬菜啊,不是冻白菜汤就是萝卜汤,到这个时间,连菜汤也没有了,刘宋芝只好拿了几个窝头回来,李队长一看有点儿不好意思。

黄振荣马上说:"没有菜不要紧,找几棵大葱就行!"李队长使了个眼色,叫刘宋芝到邻居家找找看。刘宋芝跑了七八家才找了三棵葱回来。黄振荣拿起窝窝头和大葱有滋有味地吃起来,还高兴地对李队长说:"老李啊,长征的时候还吃不上窝窝头呢,有时草根树皮都吃不上,那不照样革命吗?"不一会儿,黄振荣就把两个窝头吃下去了,刘宋芝在旁边暗暗想,一个在部队响当当的师长,又是农场场长,一点儿官架子都没有,吃个面条还是特殊化,真是革命军人的传统啊。

也是下队吃饭的事。那是1964年秋的一天,黄振荣率领水利科张科长踏看小孤山至六分场九队、八队东河排干,一边走一边测量。来到六分场,由拖拉机手、农田水利工程专业毕业的18岁的张文贵随同踏看。

中午来到八队,副队长王永富看到场长一身的泥水,便让妻子从园子里摘了些豆角、辣椒、茄子,一袋烟的工夫便炒了八个菜。几个人也只用了一袋烟的工夫便吃完饭,黄振荣说:"小王,我们时间紧任务重,就不再打扰了。"抓起帽子出门时,顺手将八角钱用原来自带的午饭——两个馒头压在了桌上(当时一天的伙食费才两角钱)。王永富夫妻俩出门追出几十米再三拒绝,黄振荣拉下脸说:"小王,咱都是当兵出身,什么时候可不能忘了部队的纪律啊。"说着,硬是把钱塞了回去。

农场职工李进元也回忆起一件黄振荣下队吃饭的事。

有一天下工以后,他一个人在宿舍里,门一响,一个50多岁有些驼背的人走了进来。来人穿着一身灰制服,当然不像一般农工,因为农场的干部一般都是穿灰制服。

来人笑着向李进元打招呼:"小同志,你好啊!"

李进元那时才16岁,什么也不懂,只是站起来看着来人。

"看样子你是个知识青年呀,从北京来?"来人笑眯眯地说。李进元点点头,仍然不知说什么好。

这个人就这样和李进元对面站着,他问李进元累不累,李进元说累。他问吃得怎么样,李进元说天天吃熬西葫芦,有些受不了。他又问李进元下工以后干些什么,李进元说也就是聊聊天、打打扑克,然后就睡觉。

来人说:"这样可不行,应该多学习学习。你们工作很累,下工以后要搞一点儿有益的娱乐活动,唱唱歌呀,看看书呀,有时间的话也看看毛主席著作。"

正说着,队长和指导员走了进来,说:"黄场长,到办公室吃饭吧。"这时李进元才知道,这个人就是黄场长。

黄振荣说:"我不到办公室去吃饭,我要和他们一起到伙房去吃熬西葫芦。"

那天,黄振荣和李进元他们几个北京知青聊了很多,都是些家常话,没有说一句大道理。李进元让场长讲一个长征的故事,黄振荣就讲了四渡赤水的故事。讲完,李进元说不精彩。黄振荣哈哈大笑说:"我不会讲故事,你要想知道这些事,可以读读《红旗飘飘》嘛。"大家都愉快地笑了起来。

第十二章　把职工生活放心上

1961 年春天,春雨下个不停,机车下不了地。等太阳露出笑脸,种地的节气快过去了。于是,有的农场出现了用裤子装黄豆,从裤腿自然流淌黄豆的"裤播机",而且还创造了"先播种后整地"的播种方法。结果,扔在地上的黄豆种,任凭雨水泡胀,霉烂了。这种经验推广到八五二农场时,黄振荣顶住了:"什么鬼经验,种子播上不覆土,一点不讲究科学道理。种子离开土,靠什么生长?"最终,八五二农场的种子全种在了土地里。

秋天到了,八五二农场获得了较好的收成,而那些使用"裤播机"的农场大多歉收。

看到八五二农场粮食多了,催粮员一个一个接踵而来,天天到场办公室去喊叫。后来因为看到职工食堂和招待所还在吃白面馒头(其实是"九二粉",每月每人 9 公斤定量),于是一位处长大发雷霆地说:"八五二浪费粮食,不节约,不吃代食品,没全局观点。"接着,命令场里用苞米秸煮出来的淀粉蒸小馒头。这怎么能吃饱呢?于是,有的职工到地里捡收获后掉在地里的黄豆,结果又被认为是偷黄豆而受罚。

有一天,黄振荣把在农场体验生活的作家林青找去了。他震怒地说:"八五二农场粮食多不假,可多收了就该让职工多吃,这也是天经地义的。让我们送光了,办不到。我不能让职工明年饿着肚子种地。收获后掉在地里的黄豆,公家收不上来就应该允许职工捡回来渡难关。我不怕摘我的乌纱帽。参加革命前我就是个老百姓。"

黄振荣的一番话解救了广大职工,越来越多的职工、家属到地里捡豆子渡难关,食堂又恢复了原样。

1961年深秋,南横林子镇的街道上走来一位50多岁的老人,肩膀上挑着一口锅、一只筐,筐里露出一床不知什么颜色的被子,身后跟着一个女人,怀中抱着一个女孩。女人的旁边走着一个8岁左右的男孩。秋风掀起他们穿的单薄的破衣。他们在沿街乞讨。那个年代,大家都勒紧裤带吃饭,哪有多余的粮食给他们呢?

他们来到了黄振荣家的门前。黄振荣的妻子赵英华看到后十分心酸,让长子黄黎送去两个馒头,这也是他们从牙缝中挤出来的呀。馒头递到发愣的男孩面前,女人见状喊道:"快接着。"随后,他们全家的身影不见了。

十多天后,南横林子镇又走来这一家人。老人背着锅,被子在女人怀中,女孩不见了,只有男孩跟在他们身边。他们又来到了黄振荣家的门前。赵英华见状问道:"那个女孩呢?"女人的眼泪淌了下来。老人喃喃地说:"逃命去了。"哭声把黄振荣引出来:"怎么回事? 你们从哪来?"老人说:"我叫马德胜,从山东来。""你为什么不在家种地?"老人凄凉地说:"房子淹了,家里什么也没有了。听说东北农场能种地,能吃饭,我们奔这来了。到这谁也不收我,嫌我岁数大,孩子多。我们饿得受不了,只得把女孩送给人家逃命……"

　　黄振荣追问道:"把女孩送给谁了?""送给二分场八队的一家转业军官,他们没小孩,会对她不错的。"

　　黄振荣的脸变色了:"人在困难的时候,不能割掉亲骨肉啊。"转身进屋抄起电话,要通二分场,下达了三点指示:把马德胜夫妇留下当临时工;找一间转业官兵盖的"拉合辫"土房给他们住;立即把女孩送还给马德胜。

　　放下电话,黄振荣出屋对马德胜说:"你们回八队吧,找他们领导,他们同意接收你们。"马德胜夫妇泪流满面,当场跪在了地上。黄振荣连忙扶起他们说:"共产党要让大家有饭吃。"

　　黄振荣领导部队,采用边开荒边建设的方针,坚持"以农为主,农牧结合,就地取材,因陋就简,节约适用,逐步固定"的垦荒原则,进场当年就让7 000多名官兵住进了营房,在北大荒站住了脚。并开荒20多万亩,还扩建了八五三农场。1957年,耕地面积达到51万亩,扩建了八五五农场(现五九七农场)。建场不到两年,节约开荒费用110万元。1957年10月,在北京召开的全国农林代表会议上,八五二农场受到了朱德副主席的表扬。

　　每次召开农业会议,黄振荣都从头到尾,耐心听取技术人员的意见。他经常深入生产队,日积月累,摸索出一整套办农场的经验。他亲自指挥根治三大涝区的施工。他尊重知识分子,重视农业科技的作用。农业生产中关键的"三个二十"(即4月20日完成麦插,5月20日完成大田播种,8月20日完成麦收)是他首先提出来的。加强成本核算,提高单位面积产量,在稳产高产上下功夫,这些都是他关心的。他懂会计业务,注重经济分析,讲究生产实效。他经常在有关经营管理的会议上强调说:"新中国是打出来的,社会主义是算出来的。"1958 年 5 月 14 日,国家农垦部任命黄振荣为八五二农场场长。到 1968 年,农场面积扩大到 74.5 万亩,有大牲畜 3 166 头,猪 15 690 头,拖拉机 298 台,康拜因 235 台,各种农机具 2 000 台,年总收入由 1956 年的 3.7 万元提高到 3 206 万元。这一年,全场盈利 50.3 万元。

黄振荣是军人出身,但谁能想到,他还做过媒人,巧妙促成了潘田和周兰夫妇二人的团聚。

潘田原名方焜,1921 年 12 月生于南京市,1944 年毕业于南京中央大学土木工程系。1941 年,在大学里参加了中国共产党地下党组织,入党前还参加了党的外围组织"团结救国社",入党后曾任大学党支部书记,苏皖区党委南京工委学生工作负责人。1944 年大学毕业后就参加新四军,任军报记者。解放战争时期,他历任华东军区兵站部科长,第四野战军铁道纵队第四支队总工程师,军委铁道兵团第三师总工程师。1950 年参与指挥抢修平汉铁路石(家庄)安(阳)段工程,提前通车,立大功一次。1951 年参加抗美援朝,任中国人民志愿军铁道兵团第三师总工程师、副师长。曾总结提出抢修铁路的设计、测量、备料、施工四项措施,加快了抢修速度,争取了运输通车时间。1954 年起任铁道兵学校(学院)副校长(副院长)。1963 年起任铁道兵司令部总工程师、副参谋长,中国铁道学会第一届常务理事。1983 年兼任《中国大百科全书·军事卷》之军事工程副主编。潘田同志还是中国共产党第十二次代表大会代表。1987 年离休。2002 年 12 月 27 日在北京逝世,享年81岁。他的妻子叫周兰,生前是解放军的一位知名军医。他的儿子叫潘岳,2008年任中华人民共和国环境保护部副部长。

黄振荣长子黄黎曾回忆起他小时候母亲赵英华讲的一段没公开的往事。

那还是在1951年2月初的一个漆黑的夜晚,地处祖国东北的丹东正沉浸在过年的鞭炮声中,志愿军铁道兵第三师直属机关,却在春节将至的深夜里,静悄悄地秘密渡江出征。

美军间歇式地派第五航空队轰炸朝鲜西北部的铁路,派军舰载航空兵轰炸从平壤到元山的横向铁路,以及从定州到元山到平壤的纵向铁路,派远东指挥部飞机轰炸平壤、顺川、新义州、宣川等主要铁路桥梁和重点线路,企图完全切断朝鲜的铁路运输线。在敌机疯狂地破坏和封锁下,朝中铁道部队在志愿军防空部队的配合下,表现得特别英勇顽强,以超人的克服困难的毅力,在"随炸、随修、随通"的口号下,两年多来修复的桥梁,总长度等于朝鲜桥梁总长的两倍半,修复的线路比我国成渝铁路还长100多公里,到停战以前,朝鲜的铁路运输线已强大到不仅可以保证朝中前线部队粮食、武器弹药得到充足供应,还能保证朝鲜政府战时经济运输计划的完成,成为名副其实的"打不烂、炸不断"的钢铁运输线。由于黄振荣为志愿军铁道兵三师代师长,带领部队在朝鲜东部战线抢修铁路有功,1952年被选为志愿军代表,与志愿军代表团一起,收到毛泽东主席的请柬,于1952年9月中旬回国,参加中华人民共和国成立三周年庆典。国庆过后,黄振荣来到北京军队医院,治疗因战争而留下的伤病。

在医院,黄振荣与主治军医周兰聊起了天。当问到周医生有没有结婚有没有对象时,周医生告诉黄振荣,她1941年就读于南京中央大学,参加了党的外围组织"团结救国社",和同学潘田一同参加了革命,并相知相爱,确定了恋爱关系。1944年毕业后,两人分赴不同的抗日战场,由于战争的原因,两人失去了联系。但她仍信守两人分手时的诺言,要等到与潘田相聚完婚。这一等就是八年,从抗战等到解放战争,又等到抗美援朝,潘田仍杳无音信。周兰军医谈到对以后个人问题的打算时,向黄振荣表示,她还要等,一定要找到潘田,要兑现两人离别时的诺言。周兰军医还向黄振荣提出请求,因为黄振荣在部队时间长,战友多,让他帮助寻找一下潘田。

黄振荣说:"也许是巧合吧,我师在朝鲜,师里的总工程师就叫潘田,但世上会有这样的巧合吗?有时间我帮你侧面问一下,如不是你要找的潘田,你也不要失望,这么多年了,同名的人也会有,我会再帮助你寻找。"

随后,黄振荣通过军线电话联系上了朝鲜,找到了潘田总工程师,先问了铁路抢修情况,然后策略地对潘田说:"我在祖国挺好,你岁数也不小了,我想给你在国内找个对象,行不?"他对潘田进行了试探。

潘田总工程师在电话另一端向黄振荣袒露了心中的秘密:他在南京上学参加党的地下工作时,和一个叫周兰的女同学确定了恋人关系……潘田的讲述和军医周兰回忆的完全一样。最后,潘田说:"今生要等周兰,非她不娶。"黄振荣静静听着,被他俩的爱情深深感动了。

通话直至结束,黄振荣也没告诉潘田他巧遇到周兰的事情,一个大胆的想法已经在黄振荣脑子里酝酿成熟。

抗美援朝时期,中国军人没有接到命令,是不能随便入朝的。黄振荣也不例外,他虽然是老红军,又是残废军人,身体不好,但要带军医入朝治病,也是不允许的,他还是想出了办法。

黄振荣结束治疗返回朝鲜,在丹东边境检查站,身边站了一个身穿志愿军军装的女军官,"冒充"志愿军铁道兵三师文书、黄振荣的妻子赵英华,她就是周兰军医。

接黄振荣的车辆顺利经过中朝两国边境检查站,通过鸭绿江大桥,一路畅通无阻,沿着临时停火的朝鲜公路,驶过朝鲜新义州,驶向志愿军铁道兵三师师部驻地。

在欢迎黄振荣归来的一片问候声中,总工程师潘田睁大了双眼,意外发现失散了八年的恋人周兰出现在他面前。这就是黄振荣带给他的战友的一个意外惊喜,也给师部人员带来了一个传奇的故事。

后来,黄振荣和早已在朝鲜的妻子赵英华,带着还是懵懂孩提的长子黄黎,及三师机关人员参加了潘田、周兰两人的婚礼,婚礼就在朝鲜志愿军三师的军列上热烈举行。

八五二农场建场初期,先后有几位德高望重的老红军担任农场领导,他们是铁道兵三师黄振荣,解放军总后内蒙古军马场李桂莲,铁道兵三师荀戴坤副师长、刘清海团政委,铁道兵二师副师长匡汉球,还从新疆兵团调来一位张劲副场长。

当年,八五二农场可谓红星闪耀。这些身上有多处战伤的老军人，带领 10 000 多转业官兵，20 000 多支边人员、知识青年，屯垦戍边，开垦荒原，使八五二农场成为全国军垦第一大场，在全国国营农场中，仅在友谊农场之后，列第二位，名扬全国。

历史不应该遗忘的是，还有一些已复员回老家的老兵，他们听说老上级黄振荣率部队挺进荒原，又追随原铁道兵三师，赶赴八五二农场。其中有一位叫杨建财的司务长，他追随黄振荣度过了大半辈子的军旅生活。

1956 年春，铁道兵官兵从鹰厦铁路工地挥师北上，进入完达山北部。他们在荒原上建起了一座美丽的农垦城，命名为南横林子镇。

镇内成立了中灶食堂，后改为机关食堂，有一位司务长掌管食堂的管理工作。这位司务长名叫杨建财，由于他长了一脸大胡子，被大家戏称"杨大胡子"。

"杨大胡子"是个老兵，祖籍山东，1946 年参加东北民主联军。参军后，在护路军二团、铁道兵三师任战士、炊事员、上士、司务长。新中国成立后参加抗美援朝，回国后仍在铁道兵三师工作。1956 年刚复员回家，听说老师长率师开发北大荒，立刻追随老部队，来到八五二农场。黄振荣让他继续干他的司务长老本行。他工作积极肯干，但缺点是没有文化，在部队速成班学习了几天，勉强能认识几个字，但时间一长，不注重学习，连学过的几个字也记不全了。

"杨大胡子"识字不多，饭菜却做得好。有一手绝活，面食、荤菜，一经他的手，就与众不同，香味四溢，得到官兵的赞扬。

"杨大胡子"妻子是老家山东的农村姑娘，按旧社会习俗裹过脚,人朴实干净。"杨大胡子"来北大荒以后,把妻子、儿子、儿媳全带来了。还带来困难时期投奔他而来的村里乡亲。

　　20世纪60年代,到北大荒的士兵大多当了班长、排长,军官职务也得到提升。黄振荣场长考虑杨司务长是老兵,在农场班子会上提名,经集体研究决定,让他担任某分场副场长,副团级。他听说后有些着急,找到老上级黄振荣场长,一脸为难地说:"我文化水平有限,当不好分场副场长,弄不好会给农场造成损失。我能当好的还是我现在这个司务长。"最后农场尊重了他本人的意愿。为充分发挥他的长处,职务做了调整,由司务长升为管理员,掌管农场场部三个食堂的工作。

　　"文化大革命"期间,"杨大胡子"也没有幸免,先是有人给他贴了一张大字报,内容是为场内当权派招待客人制作美味佳肴,给官兵们做的饭菜是糖衣炮弹,想让农场干部、职工变为资产阶级食客……

　　"杨大胡子"在挨批斗后,还经常打听老场长的安危。当他听到老场长去世的消息后,和同样被监督劳动的抗日老兵徐奎等人,无法和老首长告别,就聚在老场长家对面的食堂外,集体洒泪送别老领导……

　　一场又一场更加残酷的斗争落到"杨大胡子"头上。

　　终于有一天,"杨大胡子"走到南横林子镇东面的白桦林,这里埋着刚刚含冤离世的老场长黄振荣,"杨大胡子"在已快成为平地的墓前,吸了一盒劣质香烟,扔了一地烟头,找了一颗挺拔的白桦树,用一段麻绳结束了自己的一生。

当时还没有推行火葬,去世的人用红漆棺材送行。而"杨大胡子"不行,他只有白皮棺材伴随他走上了不归之路。他被埋在老场长黄振荣墓的左侧,他们是不能进入农场公墓的。

北大荒 60 多年的开发,除转业官兵、支边青年、知识青年、老右派等主要人物,在开发史上还有这样一位老保姆。

1962 年,赵英华的表姐要回哈尔滨,黄振荣夫妇与组织上商量,要找一位保姆,帮忙做家务工作。

有人推荐农场一分场二队的天津女人张淑艳。张淑艳住在她表妹家,想找工作。

经农场公安局了解,张淑艳为国民党家属,解放战争开始,其丈夫去向不明。其身份不适应做首长家的保姆。

为此,赵英华借出差机会去了一次二队。见面谈话后,向组织汇报,并提出试用一个星期的想法,得到了组织上的批准。

一个星期后,张淑艳以保姆的身份落入黄家户口。其子杨德胜也调入总场木材厂,跟随上海来的木工师傅学艺。张淑艳是黄家在农场的最后一个保姆,孩子称她为阿姨。她和黄家一起度过了七年光景。黄振荣夫妇对她的儿子,也和农场人习惯地那样,叫他杨大。

第十三章　关怀科技人员

黄振荣重视技术，千方百计地解决农场科技人员不足的问题。

20世纪五六十年代，牡丹江农垦局畜牧兽医学校设在曙光镇，也就是八五二农场的老场部。廖庆祯和100多名从上海来的学生，在这里学习了三个春秋寒暑。1962年5月，他们这批学生刚从畜牧场完成毕业实习回来，突然听说因为国家遭受严重自然灾害，学校奉农垦部命令停办。这对满怀毕业的喜悦，即将走上工作岗位的专业学生来说，无疑是当头一棒。校舍里的琅琅读书声、校园里的欢声笑语没有了。不少学生准备打起背包回上海。学生们三三两两在土路上踯躅，唉声叹气。

6月的一天下午，麦收在即，学校组织大家参加整修土晒场的工作，大家无精打采地拿着锄头锄草。

突然，一辆小吉普车"嘎"的一声在公路边上停了下来，一个五十岁上下，身材粗壮，大眼睛，穿着黄呢子军装的人朝晒场走来。他也拿起锄头跟大家一起锄起草来。他一锄紧跟一锄，动作十分麻利。一看他的穿戴就知道准是个干部，但他是谁呢？

有个女同学打开了话匣子，问他道："老同志，您是从是哪儿来的？""阿拉是总场的，叫黄振荣。"一听这南腔北调的上海话,大家都乐了,觉得他挺有趣。又听说他是黄振荣,大家便知道了他是八五二农场场长,是位老红军。一看他丝毫没有老干部的架子,十分平易近人,气氛顿时缓和了,大家呼啦一下全围了上来。

"来,咱们歇会儿聊聊天。"黄振荣放下锄头席地而坐。不知谁先开了腔:"黄场长,您是哪年到北大荒来的?""我嘛,1956年来农场的,从朝鲜回国不久就来喽。"他操着浓重的陕西口音回答说。"那您什么时候当兵的?"小个子王崇伦紧接着问。"我是1931年跟董振堂参加宁都武装暴动的。""哎哟,侬当兵时阿拉在娘肚皮里还没生出来哩。"王崇伦的话引得大家哈哈大笑。

黄振荣笑着说:"听说你们都想回上海?""是的。"大家几乎是异口同声地回答。黄振荣又说:"你们从繁华的上海来到北大荒三年了,渡过了国家最困难时期,不容易啊。但是,农场的困难是暂时的,你们的专业以后还有用武之地,你们都回上海怎么行呢?"有个同学不解地问:"不是上级规定可以回去吗?"

老场长缓了口气循循善诱地说:"是的,可以回上海。但目前上海和全国一样,粮食紧张。大家都回上海,上海又怎么办呢?上海这地方不错,但它是劳动人民用双手建起来的,上海再好,不能在马路上种出粮食来,你们说呢……"大家沉默不语,觉得黄场长说得蛮在理,无可辩驳,但是对前途考虑得还是很多。

"同学们,红军二万五千里长征都走过来了。目前这么点困难算得了什么?你们都是有觉悟的,在国家困难的时刻,你们是知道怎么办,选择什么道路,才有利于国家,有利于人民的。"黄振荣用亲切的目光注视着这帮年轻人，就这样娓娓交谈了两个多小时，最后才和大家握手道别。

"上海的马路上能种粮食吗？""国家困难需要粮食……"回来后躺在炕上，老场长的话始终萦绕在这些学生的耳边。大家想通了：是啊，南征北战屡立战功的老战士，尚在为开发北大荒而出力，而我们这些小知识分子又有什么本钱去逃避呢？思索再三，既来之，则安之，许多同学毅然选择了留在北大荒。

1963 年东北农垦总局成立后，遵照农垦部的决定，八一农科所与合江农科所合并组成东北农垦总局农业科学研究所，并按地区划分，在宝泉岭、友谊、八五二和八五〇农场设立 4 个中心农场实验站。余世铭当时在八一农大任教，随在八一农科所工作且已怀孕的爱人，于 1964 年调往八五二农场实验站。当时，农场的条件十分艰苦，他们又是刚来，爱人临产，身边又无亲戚照顾，于是，他们商量后决定，让爱人回到北京娘家分娩，并将女儿留在了北京，由岳母照顾。据说当时在边疆地区工作的人中，有多位技术人员是家在北京的，经由工作单位党委证明，孩子可在北京落户由家人抚养。于是，余世铭到农场党办请求开具证明，但值班人员不同意，说什么也不给开。僵持之际，进来一位肤色白净，慈眉善目，中等偏胖身材的中年人，得知事情的原委后，他很痛快地说："这是好事嘛！能把孩子交给姥姥抚养，你们夫妻俩没了后顾之忧，不是就更能安心在农场工作吗？"说完，他指示秘书开了证明。这时，余世铭才知道，他就是场长黄振荣。

当年冬天，大家到佳木斯参加总局举办的生产队长冬训班。农场技师把余世铭叫去,说派他立即去银川调运苜蓿种子。这时,与技师同住一屋的黄振荣对余世铭说,西北种油菜,顺便引进点油菜种子回来。苜蓿种子按量发往了各个需要的农场,但银川没有种油菜的,他也就没有弄到种子。

回场后,余世铭向农业科做了汇报,油菜种子的事一提而过,也没再放在心上。春播前到场部办事时,余世铭在路上遇到了黄振荣。本来就没有什么接触,场长怎会认识他这个来场不久的年轻技术员呢? 但黄振荣却突然开口问他:"你什么时候回来的? 油菜种子弄到没有?"

两个多月前的事情,黄振荣还清楚地记着呢。余世铭赶紧向黄振荣讲明了情况。黄振荣说:"北大荒适合种油菜,王震部长很重视油菜啊。"

北大荒能种油菜的预言在 20 世纪 80 年代最终实现了,油菜在当时成了垦区北部地区的重要经济作物,为当时一些农场的脱贫增收做出了不小的贡献。而余世铭也因当年黄振荣的一句话,一头扎进了对油菜的科研中,贡献了自己的智慧和力量。

八五二实验站原在老场部地区,因为连遭冰雹,实验工作遭受了很大损失。1965 年春,实验站迁往十几公里外的西山,20 多位技术员随迁。新址住房紧张,大家只能分散着住在知青集体宿舍里。黄振荣来站检查工作,得知有的技术人员夫妻还在分居后,指示站领导,一定要想办法妥善安排,尽快解决。很快,站里成立了基建排,住房问题得以解决。黄振荣下队检查指导工作时,总是让场里的一位农业技师同行。这是一位生产经验十分丰富的技师,黄振荣对他的意见十分重视。那时,农场正在推广使用磷肥,而当时的磷肥是粉末状的"过石",基层干部和职工大多不认可,好肥料反倒成了抹墙抹炕的好材料。黄振荣支持技师用实验站的实验结果积极宣传磷肥的施用效果,并亲自做宣传说服工作,使磷肥颗粒"过石"在农场得到迅速推广,起到了很好的增产作用。黄振荣尊重知识,重视技术人员,也得到了技术人员的尊重和敬仰。

第十四章　海纳百川

　　1958 年春天,在王震的关照下,遭逢厄运的艾青和高瑛夫妻俩带着 6 岁的女儿和不足周岁的儿子,随复转大军,奔赴北大荒,来到八五二农场。

　　年近半百的艾青当时担任八五二农场林业分场副场长。他是北京下放到北大荒的 1500 名右派中唯一挂了领导职务的。

　　王震专程赶来参加农场为艾青举行的欢迎会,他对复转官兵说:"你们要像尊重其他领导一样尊重艾副场长。在延安,艾青就是名人。我在南泥湾搞大生产,当三五九旅旅长。"他随即指了指身边的农场党委书记李桂莲:"他那时是我们旅的警卫营营长,开发南泥湾有他的一份功劳。今天,我和他一起来北大荒办农场,叫你们大批复转官兵也来,走的就是南泥湾的道路,要叫北大荒变成北大仓。"

　　王震还再三嘱咐场长黄振荣:"政治上要帮助老艾,尽快让他摘掉帽子,回到党内来。要让他接触群众,了解农垦战士。"他又对艾青说:"老艾呀,你要是搞不好,我是要批评你的。"

　　黄振荣一家同艾青一家是邻居,两家交往甚密,孩子们也常在一起玩耍。那时艾青已 48 岁,高瑛的年龄比他小很多,才 25 岁。老夫少妻,流放北大荒,才平静了几个月,又遭到大字报的火力攻击,加上艾青的性格倔强,据说还发生过动手撕大字报的事哩。

艾青虽然是个大诗人,但并不是一个很合格的"饲养员"。

有一次,王震派人给林场送来一只马鹿,要林场饲养繁殖,建养鹿场。艾青是看鹿人,整天拿着一根棍子,在鹿栏周围走来走去。

一天,鹿跑掉了。艾青发愁地问黄振荣:"这只鹿值多少钱?"黄振荣说:"猪有价,羊有价,还没听说鹿是什么价。"

艾青认真起来,说:"要是我能买得起,我给林场赔一只。"黄振荣体谅地说:"鹿是撞倒栏杆跑掉的,又不是你故意放走的。"艾青很内疚地说:"林场信任我才叫我看管鹿。鹿跑了,我也是有责任的。"

艾青回到家里,告诉妻子高瑛马鹿跑掉的事,说自己犯了一个大错误,接着颇有感触地说:"我看到鹿在栏里蹿来蹿去地挣扎,就想起了当年我在国民党监狱里的生活。失去自由的日子,是很难熬的。我在监狱里那几年,天天想的盼的就是那两个字——自由。鹿和人一样,它也要自由。我看着它那两只受惊的眼睛,就萌发了怜悯之心。它逃了,它自由了,它自我解放了……"

那时,作为诗人的艾青虽然身处逆境,但从来没有放弃写诗的念头,他试写了以"老头店"为主题的长诗《蛤蟆通河畔的朝阳》和描写黄振荣率四人初探荒原的《踏破沃野千里雪》等诗,歌颂了北大荒秀美的自然风光和人情的美好。

黄振荣十分注重发挥来场人才的聪明才智。艾青在农场时,他交由艾青设计了至今仍沿用的北大荒酒的商标。

八五二农场在开发初期,转业官兵达到1万多人。他们在繁重的劳动之余,在就餐聚会时,都离不开60多度的烈性白酒。当时大家喝的是从场外运来的白酒,还供不应求。

身为场长的黄振荣,看到此情此景,决定在八五二农场粮油加工厂成立自己的酒作坊,让官兵们喝上自己农场产的酒。于是他从宝清县聘来了一位姓秦的小酒作坊师傅,并配备了十几名转业官兵,让他们到哈尔滨具有50多年酿酒历史的马家沟酒厂学艺。学艺归来,酒坊师傅们很快酿造出了自产的白酒。

几瓶样酒摆在黄振荣的桌子上,光秃秃的玻璃瓶子装着新酿造的白酒,用白铁皮盖封着口。黄振荣觉得酒瓶上缺少商标。他想到了艾青,找他想想解决办法。

艾青应邀来到了黄振荣办公室。他品尝着醇香的白酒,接受了设计绘制北大荒白酒商标的任务。他开始精心设计了几张商标图案,改了几稿,总觉得不满意。诗人放下画笔,走出场部的白桦林,沿公路不知不觉走到农场的老场部,原八五二农场开荒第一犁的三号地头。当时正值麦收季节,康拜因正在麦海中行驶,收割着小麦。眼前的劳动景象感染了诗人,多么壮观的画卷啊。他当场作画,一幅富有北大荒浓郁特色的画卷,跃然纸上。

这幅标有"北大荒60度白酒"字样的设计图,得到了

大家的一致认可,艾青也算完成了黄振荣交给他的一项任
务。

此后,八五二农场、军川农场、八五三农场、总局直属
单位等垦区酿制白酒的企业,几十年来一直都采用这个商
标。

1959 年秋天,艾青把王震给他的一封信交给了示范林
场的党组织。王震在信中说,他要到新疆生产建设兵团视
察,问艾青愿意不愿意同他一起到新疆去……

此信转到黄振荣手里,经过谈心,他知道艾青愿意换
个环境,去新疆开阔视野,挽留不住,只好让艾青走。临走
时,黄振荣欢送艾青,并对他给林场的帮助表示感谢,对他
在第二次反右斗争中受到冲击表示歉意。黄振荣希望艾
青去新疆后情况有所改善,并希望今后如有机会,来南横
林子作客,诗人慷慨允诺。艾青在北大荒生活了一年半时
间,他一去新疆就达 17 年。

丁玲和陈明也来过八五二农场,还得到了黄振荣的关
照哩。

1958 年春,中央国家机关下放到北大荒的右派共有
1 500 余人。1961 年底中央决定将在北大荒劳动的右派,
不论平反与否一律调回北京。唯有丁玲、陈明夫妇,主动
向王震部长提出,继续留在北大荒体验生活,积累素材进
行创作,回不回北京,体验生活后再定。

1964 年春,丁玲、陈明夫妇参观访问了八五二、八五三
等几个大农场。在八五二农场,黄振荣场长陪同他们参观
了场部地区南横林子。黄振荣和丁玲相识,还是在他 1942
年带部队打过日军封锁线,护送丁玲等一批文化工作者到

延安途中。当时黄振荣圆满完成护送任务后,幸运地见到了朱德总司令。朱总司令夸赞黄振荣护送丁玲回延安,是为延安军民做了一件大好事。朱老总还把一块麻将锯成两截,一半儿自己留着,一半儿给黄振荣刻图章,留作纪念。黄振荣向丁玲、陈明介绍了八五二农场建场九年来的成就:耕地已达到 60 万亩,年产粮豆近5 000万公斤,朱总司令曾赞扬八五二是"全国投资最少"而成就可观的农场。

老战友的西北口音,一下子拉近了黄振荣与丁玲之间的距离。丁玲饶有兴致地同他深入交谈起来,得知他从红六军团到三五九旅,再到铁道兵,从排长、连长、营长,一直到铁道兵代师长,可以说,王震指到哪里,他就打到那里。1955 年,王震又动员他来开发北大荒,当了场长。这位老红军跟随王震将军战斗的生动经历,更坚定了丁玲继续留在北大荒的信念。

黄振荣与丁玲夫妇来到一幢木刻楞房子旁边。黄振荣指着这幢带院子的独门住宅说:"这是艾青和他的夫人高瑛住过的地方。"丁玲默默地看了半天,没有言语。黄场长又说:"这是我们场部地区最好的家属宿舍,艾青调走前,曾当过我们示范林场的副场长。"丁玲依然没有说话,显然她内心却掀起了感情的波涛。

丁玲一行驱车参观了广袤的田野,她不禁赞叹道:"农场庄稼长得真好! 真是大农业的气魄!"丁玲又参观了地处二分场一队的"老头店"。农场陪同的同志讲了富有传奇色彩的"老头店"的故事,丁玲边听边问:"老人是从哪里来的? 早年闯关东是咋样的? 日本鬼子抓劳工的情况啥样? 农场还有日本开拓团的遗址吗?"她把凝视的目光从"老头店"遗址移向远山和白云,喃喃自语:"为开发北大荒尽过力的人,都可能有一个传奇的故事。"最后,经过王震将军的安排,丁玲决定把"家"搬到宝泉岭农场。

多年后,黄振荣长子黄黎回忆起当年见到丁玲阿姨和陈明叔叔的往事:"那一年,我上初一。一天放学回家,家中办公室内坐满了人,走廊上也站着几个人,往办公室内望。我也随着探头探脑往里一看,看到爸爸对面坐着一个胖胖的阿姨和一个瘦瘦的叔叔。爸爸看到我,叫我进去,并让我叫阿姨和叔叔。爸爸说他们是抗日战争时期延安的战友。我当时年少,和阿姨、叔叔说了几句话,就进卧室写作业去了。不一会儿爸爸进卧室找我,说丁玲阿姨看到摆在他办公室的一个两层的黄菠萝木板小书柜,非常喜欢,因她是文人,想要回去装几本书,问我能不能给送她。我的小书柜上下两层,底层双开门,上下两层能装十多本书。虽然也有点舍不得,但阿姨想要,就非常痛快地答应了。"

黄振荣和丁玲、陈明在办公室聊了很长时间,到了吃饭时间就到总场三食堂吃饭去了。三食堂和黄振荣家隔一条马路,三食堂坐北朝南,砖坯结构,有好几百平方米。从东往西排列,有仓房、大厅、两个小厅、灶房。1962年职工俱乐部建成前,这个三食堂是场部地区集就餐、娱乐为一体,能容纳500多人活动的较大建筑物。大厅内从东往西有舞台、近百条长条木制靠背座椅、十几张园餐桌。两个小厅内各摆一张园餐桌。当年规定,大厅就餐按部队待遇中灶伙食标准,小厅按部队小灶标准,陪同人和客人都要交伙食费。没想到,黄振荣陪同丁玲、陈明就餐一事,后来在"文化大革命"成了一大罪状。

"文化大革命"开始后,刚从北京治病回来的黄振荣便遭到批斗。这第一次批斗会,在黄振荣指挥建设的雄伟的职工俱乐部进行。这在当年的农场可是一件大事,俱乐部内上下两层1 200个座椅上坐满了人,没有座位的人挤在过道上站着。

在接连的揭发、检举、打倒声中,黄振荣被揭发了一条新的罪状:右派丁玲、陈明1964年来农场,黄振荣在招待吃饭时,竟然吃了天鹅肉。

和黄黎同坐在一楼最后一排的总场食堂管理员老铁兵杨大胡子听后,自言自语地说道:"天鹅肉? 当时我们很多人也吃过,吃天鹅肉也能算是一条罪过?"

八五二农场改为兵团二十团以后,只要全团召开各种批判会,便会提到黄振荣招待右派丁玲吃天鹅肉一事,每次都要批斗。

也许现在很多人一听到吃天鹅肉很吃惊。天鹅是保护动物,怎么能吃呢? 当然,用现在的动物保护标准去衡量当时的事情,就既不合法又不合乎情理了。

1956年,八五二农场在北大荒建立军垦农场。农场连队基本都在荒野、山林中,农场湿地春、夏、秋季常栖息天鹅、白鹤、大雁、野鸭等各种禽类。水中有黑鱼、狗鱼等十余种鱼类,山林中有老虎、狗熊、野猪、鹿、狍子、野鸡等多种野兽、禽类。那时候国家还没有制定野生动物保护法,是允许打猎的。

为改善农场转业官兵、支边人员、知识青年的生活,农场刚成立就组建了打猎队。虽然"棒打狍子瓢舀鱼,野鸡飞到饭锅里"有夸张的成分，但那时野兽、禽类、鱼类确实很多，打到的狍子成汽车往回运，蛤蟆通河水库三十多斤重的草鱼，各个连队用汽车拉。

天上飞的，地上跑的，水中游的，凡是建场初期待过的转业官兵、支边人员、知识青年，大多吃过这些野味和鱼虾。虽然天鹅少一些，捕吃天鹅肉的也大有人在。

1993年全国农垦事业创立者王震将军去世，黄黎随黑龙江省国营农场总局吊唁团赴京参加吊唁。自由活动期间，随老红军、总局原副局长高大钧来到海淀区复兴路22号楼。进入陈明家，左手第一间为陈明会客室。靠东墙的书桌上，摆放着丁玲遗像，镶嵌在一个大磁盘上。39年后，与陈明第二次见面，一直到告别，黄黎也没有提起吃天鹅肉一事给父亲带来的"罪过"，只能把往事默默记在心中。

著名诗人郭小川的儿子郭小林，在知识青年下乡的大潮中，来到八五二农场。当时"文化大革命"的浪潮也席卷到了北大荒，郭小林受到冲击，被关押起来。黄振荣是郭小川在三五九旅时的战友，郭小林的母亲杜惠曾给黄振荣写信，让他关照一下郭小林。可郭小林从来没有找过黄振荣，他想干出成绩再去向黄场长汇报，可后来他想找黄振荣时，黄振荣已被打成"三反分子"（即反党反社会主义反毛泽东思想）。

农场建场初期，参加农场建设的不但有右派，还有劳改犯人。对待这些特殊身份的人，需要以海纳百川的胸怀接纳他们，让他们感受到北大荒的温暖。

1958年，人民大会堂等新建十大建筑需要铺地面的木板块。接到任务后，农场部分转业官兵、部分劳动改造犯人,到炮守营(原属农场的林业营,现归东方红林业局)不同地点伐原木,然后运回农场木材厂,再由木工师傅分解成木板块。

由于伐木点冬天在山上伐木,地窖子窝棚又冷,伙食也跟不上去,干活的犯人就闹事,停工抗议,据说还扣压了看管人员。

消息传到总场,黄振荣心急如焚,要马上赶到现场。虽然妻子赵英华十分担心,但黄振荣还是只带着一名通信员,带了一长一短两支枪,骑着马趟雪奔向炮手营伐木点。在与犯人们见面时,黄振荣对伐木犯人晓之以理,动之以情,告诉他们,进山伐木是为人民大会堂等建筑的建设做贡献。同时对伙食、取暖等生活条件进行了改善落实。犯人们承认了错误,愉快地开工了。

随后,黄振荣指示看押人员,不要给这些犯人追加刑期,只给领头闹事的犯人蹲禁闭反省。这样,就用科学的方法化解了一场很容易激化的事件。

第十五章　历史问题大白于天下

　　1966 年,一场史无前例的"文化大革命"开始了。大批革命老干部被打倒,黄振荣也没有幸免。

　　1967 年 3 月的一天,批斗黄振荣的大会在南横林子俱乐部进行。黄振荣被某些人定为"三反分子"。麦克风前,会议主持人喊起了"毛主席万岁"。这时,黄振荣也举起手臂,喊起了"毛主席万岁"。造反派马上出来制止,命令黄振荣放下手臂,不许他喊。

　　"毛主席万岁! 我要喊,这是我的祝愿。"黄振荣拍拍胸膛,理直气壮地说,"我是红小鬼,一辈子跟着毛主席,为什么不让喊……"于是响起一片"打倒"声,从此黄振荣陷入了困境。

　　"说我是反革命? 我不是。说我是'三反分子'? 我不是。战争年代我都过来了……毛主席……毛主席……"他哭着,摸着胸前的毛主席像章。

　　1968 年 1 月 26 日黄昏,黄振荣离开了人世,年仅 53岁。

　　黄振荣——这位有着 37 年革命经历的老红军,新中国成立后第一批率部开辟农垦事业的先驱,就这样带着遗憾走了。

　　北大荒的 3 月,春雪特别厚。一台牛车拉着一个透着缝隙的白皮棺材,往南横林子东部走去。没有花圈,没有挽幛,没有任何形式的悼念活动,在凄凉的气氛中,黄振荣被埋在了杂草丛中。

黄振荣去世后,农场造反派组织不许把黄振荣葬入公墓,也不许黄振荣家人立碑、扫墓。就这样,黄振荣被孤零零地葬在总场"三不管"地带边上的白桦林中。此后,黄振荣妻子赵英华被强行管制、隔离,并被监督劳动达半年之久。

黄振荣的子女,虽然叫作"可以教育好的子女",但和赵英华一样,被列为监视对象。

身在北京的王震听到黄振荣的死讯震怒了:"他是好人。他是好人!斗死好人有罪!"

不久,农场去了两个人要见王震。王震听说是农场来人,就亲自接待了。但一听说是造反派组织要了解黄振荣的历史问题,又把他们"骂着"赶出了房门。

农场造反派又去找薄一波,薄在一张纸上写道:"我和黄振荣在晋绥军搞统战工作,我俩只是一般工作关系。"随后签上一个薄字,围绕薄字画了个圈。而对要求签上全名回应说:"打倒薄一波,全国人民谁不知道。"以此结束了谈话。

领导和群众没有忘记黄振荣。他们以各种方式纪念他。

黄振荣同志的历史问题终于得到圆满解决。

人们永远怀念为农场开发做出过杰出贡献的人们。

1976 年,为庆祝恢复八五二农场,农场举行庆祝大会。农场宣传队表演了节目,随后播放了电影。这是 20 世纪

60 年代垦区新闻纪录片《垦荒姑娘》。影片中两个女拖拉机手,站在停止的拖拉机履带上,在仔细观察着什么。突然镜头一变,出现了老场长黄振荣,他穿着老式军装,带人来看望女拖拉机手。随着银幕上的黄振荣走向拖拉机,又听到画外音介绍:"八五二农场老红军黄振荣场长,来看望她们了……"后面的声音突然被观众席上爆发的热烈掌声所淹没,一直到银幕上的黄振荣扶着五铧犁驶向远方,掌声还在俱乐部中回响,还不时听到黑暗中的叹息声。这时期黄振荣还没有平反。

1978 年春,被囚禁了 7 年的农垦部第一副部长张省三,在农垦部黄家景局长的陪同下,顶着巨大的压力,来到黄振荣的墓前。黑龙江省国营农场总局王正林等领导也来到了黄振荣墓前,沉痛悼念这位北大荒开发建设的重要开拓者。

"文革"结束了,黄振荣的历史问题作为人民内部矛盾处理了。

1978 年,黄振荣平反那一天,红兴隆管理局领导,八五二总场、分场、连队代表来到俱乐部。黄振荣的遗像悬挂在主席台中央,红兴隆管理局、八五二农场机关各部门、八五三农场、五九七农场、红兴隆管理局钢铁厂等单位敬献的花圈摆满舞台。追悼大会在这里隆重举行。这是农场俱乐部建成后唯一一次为场内人员举办追悼会。

追悼会后,黄黎捧着黄振荣的遗像,与全家一道,随着参加会议的领导和其他与会人员,走向父亲墓地。黄振荣杂草丛生的墓,已由转业官兵画家王立人重新设计,重建为水泥墓。

也许为黄振荣平反感动了苍天，霎时大雨突然从天而降，天地人全部笼罩在苍茫的雨雾中。

但黄振荣在山西太岳地区那段历史问题仍没得到解决。

1983 年，时任国务院副总理的王震问起了八五二，问起了黄振荣一家人的近况。八五二农场党委决定，让农场副场长姚其瑞，带领黄黎和他的两个妹妹黄鲜菊、黄鲜梅去王震处汇报工作。到京后经过联系，于 11 月 19 日上午 9 时，黄黎拨通了王震家的电话。黄黎和唐玉秘书商量见王震的时间时，电话中传来王震的声音："让他们马上来，越快越好……"

大家赶到王震住处，走进会客室后，王季青老人迎了上来，第一句话就是："你们爸爸的政策落实了吗？"这时从王震的书房传出"请他们进来"的湖南口音。

一行人走进书房，满头银发的王震站起来，周围还站着几位军人。与黄振荣子女握手时，王震向几位军人介绍说："他们的爸爸黄振荣是老红军，参加 1931 年江西暴动的，是董振堂的部下。"落座后，王震开口就问："你们爸爸的政策落实了吗？"大家看着 20 多年没见面的王震、王季青，百感交集地回答："没有。"

听了关于黄振荣历史问题的情况汇报后，王震气愤地说："黄振荣从小跟着我和任弼时，曾是红六军团第一任保卫电台队的队长。然后是余秋里接他的工作。如果他是叛徒，我能让他当团长、师长，能让他当场长？真是乱弹琴。"

随后，王震对唐玉秘书说："马上把黄振荣的档案调

来,我去找邓小平主席、杨尚昆副主席,一定要平反。请余
秋里过问此事,并纠正此案。"

此后,在关于黄振荣历史问题的报告上,王震又做出
批示。

崔田民、郭维成同志:

黄振荣同志被俘后逃出归队工作,经陈赓查实无叛节
行为,李达同志也过问过此事。黄振荣同志经过整风审
干,经过1953年的内部清查……黄振荣同志是萧克、蔡会
文同志到湘赣带来,一直是保卫队电台的台长。此案请总
政余秋里主任查明纠正,并呈军委邓主席、杨副主席批示。

王　震

1984 年 11 月 26 日

中央军委的领导根据王震的批示,军委邓小平主席、
杨尚昆副主席圈批的指示意见,责成铁道兵部队重新核实
黄振荣的历史错案。

1985 年 1 月,中共铁道兵善后工作领导小组临时委员
会以(1985)铁善政字第 025 号《关于黄振荣同志被俘自首
叛变问题的复查情况和处理意见》,向总政治部、军委纪委
报告:"我们认为,原铁道兵党委定性不准,处理不当,属于
错案,应予平反,恢复名誉。"

同时建议"撤销 1957 年 4 月 9 日给予黄振荣同志的
留党察看两年的处分,军龄从 1931 年 12 月 14 日算起。
其家属、子女因黄振荣同志问题受株连,应予消除影响。"

1985 年 1 月 30 日,总政治部、中央军委纪委以
(1985)军纪复字第 6 号文件,向铁道兵善后工作领导小组
临时党委批复:"1985 年 1 月 8 日铁善政字第 025 号《关于

黄振荣同志被俘自首叛变问题的复查情况和处理意见》的报告收悉。经研究,同意你们的意见,并做好其遗属的善后工作。"

同年 4 月,铁道兵部队专门派人到八五二农场,宣布了中央军委和铁道兵总部关于黄振荣同志平反昭雪的决定。

黄振荣同志的历史问题终于得到圆满解决。

第十六章　王震与黄振荣两家人的友谊

　　1933 年 6 月间在永新,红八军改编为红六军团十七师,王震任政治部主任。黄振荣担任红六军团首任保卫电台队队长。这是两个战友几十年革命友谊的开始。

　　1934 年 8 月 7 日,红六军团长征,由湘赣革命根据地遂川横石出发,军团政委是王震。1935 年下半年,黄振荣被调到红六军团十七师当参谋。1936 年在长征途中,黄振荣被任命为红六军团十七师五十一团三营营长。1942 年,黄振荣担任一二〇师三五九旅七一八团营长,在王震直接领导下参加了举世瞩目的南泥湾大生产运动。

　　日本投降以后,党中央派大批干部和军队进军东北。黄振荣同志于 1945 年 12 月担任东北护路军第一大队大队长。第二年 2 月,任护路军团长。1947 年 8 月,任护路军司令部参谋处长。1948 年 12 月,"铁路纵队"成立,黄振荣被中央人民革命军事委员会任命为中国人民解放军铁道兵团第四支队副支队长兼参谋长。1950 年 8 月,任铁道兵第三师副师长。1951 年率部入朝,在日夜抢修大同江铁桥的任务中又立了一大功。朝鲜民主主义人民共和国授予他二级国旗勋章和二级自由独立勋章。1948 年 12 月至 1952 年 1 月,任铁道兵三师代理师长。

　　黄振荣于 1955 年 10 月来到乌苏里江畔的中国人民

解放军铁道兵八五〇农场,兼任铁道兵八五〇农场副场长。1956年3月,他率领一支铁道兵转业官兵队伍,进入完达山以北地区开荒建场。5月10日,统领官兵打通虎(林)宝(清)公路,建场物资顺利从完达山南运抵山北。6月1日,举行开荒典礼,王震将军宣布铁道兵八五〇二部农场成立。

黄振荣代师长率领7 000多铁道兵官兵创建军垦事业。他与开荒队员同住一个帐篷,在伐木时被"回头棒"砸伤,仍坚持轻伤不下火线。1956年当年即开荒20万亩。1957年继续开荒,达到耕地面积51万亩,八五二农场成为当时铁道兵农场中规模最大的农场。1957年10月,朱德副主席在农业水利工会代表大会上,赞扬了八五二农场的建场经验。

1957年12月31日,王震、黄振荣、匡汉球、罗培兴四人,同一天一起办理了转业手续,转为预备役。时任国防部长的彭德怀元帅签署命令,批准黄振荣转业。1958年5月14日农垦部正式任命黄振荣为八五二农场场长。

可以看出,王震和黄振荣从红军时期就在一起,建立了深厚的友谊:王震当红六军团政委时,黄振荣在他手下当红六军团第一任保卫电台队队长。1942年,王震在南泥湾搞起了大生产并任旅长,黄振荣当三五九旅某营营长;新中国成立后,王震当铁道兵司令员,黄振荣当铁道兵三师代师长。

黄黎是黄振荣的长子,他清晰地记着,在他刚刚懂事的时候,每当家里厨房中飘出狗肉的香味和油泼辣椒面的香味,这就意味着王震伯伯要来了。

　　王震春秋来时往往穿着黄呢子衣服,冬天有时穿1956年授衔时的将校呢大衣,有时穿着普通士兵的军大衣。王震到后,往往立即和黄振荣乘场里的苏式胜利20小卧车或美式吉普到分场去视察。

　　晚饭时,二人经常带着满脚的黑土或泥水返回黄家。这时,场内的老红军伯伯李桂莲、匡汉球、苟戴坤,还有外场的余友清伯伯也陆续来到他们家,吃起必不可少的狗肉和油泼辣椒面。王震往往坐在黄家唯一的一张公家发的皮圈椅上吸着香烟,听大家发言,有时也大声插话、争吵。黄黎隔着门缝,经常看到不吸烟的父亲手中也夹着一支香烟,参与争论。那时的样子,就好像干仗一样,还夹着一些口头语,往往争执一阵后,爆发出一阵哄笑声。然后又是发言、争执,一直持续到深夜。黄黎经常伴随着这种声音进入梦乡。

　　"文革"中双方失去了联系。

　　黄振荣去世后,为了不让造反派知道,黄黎坐车到28公里外的迎春镇,给王震拍去了父亲去世的电报。

　　后来,王震在八五二农场工作的妹妹从北京回场,说:"王震接到电报后,马上火了,生气地说,'……把黄振荣斗死了,斗死好人有罪啊……'"

　　王震十分气愤,大家谁也劝不住,连母亲和夫人的话也不听进去。那几天,他想起这事就生气,饭也吃不下,人也瘦了,好像得了一场病,好长时间没缓过劲儿来。

　　事隔不久,八五二农场来了两个人要见王震,王震亲自接待,可一听说是造反派组织要了解黄振荣的历史问题,又把他们赶出了房门。

1983年,已是国务院副总理的王震,问起了八五二,问起了黄振荣一家的近况。八五二农场党委决定,让农场副场长姚其瑞带着黄黎和其妹妹黄鲜菊、黄鲜梅,去北京向王震亲自汇报。

在王震过问并批示下,中央军委和铁道兵部队终于将黄振荣26年的冤案平反了,多年压在全家头上的阴影终于被驱走了。

后来,大家把从农场带去的土特产品请唐秘书转交给王震。王震知道后马上说:"农场蛤蟆通水库的鲫鱼十几年没吃了,很好吃!谢谢八五二农场领导还想着我。但吃东西要给钱。唐秘书,把钱给他们捎回去。"在王震的授意下,唐秘书塞给大家140元钱,请他们带回农场。回场后,他们把这140元钱交给了农场财务室。

1985年和1990年,王震将军两次代表党中央、中央军委来到北大荒慰问垦区人民。这两次慰问,王震都接见了黄振荣家人,并对他们一家寄予厚望。

第一次,到八五二农场已是17时多了。吃完饭后,王震立即在招待所接见了黄振荣家属,关心地询问了他们的近况,并让黄振荣子女要好好工作,多为农场做贡献。还赠送黄黎兄妹一台日本产的超薄型太阳能计算器、两支派克笔、四支日本笔,勉励他们好好工作。

黄振荣的长孙叫黄松博,他和王震爷爷也有很深的感情。

在八五二农场欢迎王震的盛大宴会上,黄松博探头探脑地去看王爷爷,没想到,这竟引起了王爷爷的注意。

当王震得知黄松博是黄振荣的孙子时,立即扔下手中的筷子，张开双手，大声喊道："快把黄振荣的孙子抱来，让北大荒的孙子到我跟前来！"

黄黎把黄松博领到王震的跟前，王震两只温暖的大手握住了黄松博的右手，随即让他坐到自己的右膝上，亲切地问道："叫啥名字，几岁了？"黄松博兴奋地回答："我叫黄松博，6岁。"

第二天，王震和农场代表合影留念时，黄松博和很多小朋友排队站在他的前面。王震看到黄松博的红领带没有戴正，便给他仔细地重新系好，双手扶在他幼小的肩膀上。

随后，黄振荣夫人赵英华携子女遵照王震办公室的批示，在总局领导的安排下，迁居到黑龙江省国营农场总局所在地佳木斯市，住进了原属黑龙江省生产建设兵团及黑龙江省国营农场总局机关的22号住宅楼。

第二次接见是1990年。王震抵达垦区，在佳木斯市的黑龙江农垦大厦小憩后，第一批接见的北大荒人就是黄振荣家属。陪同接见的还有黑龙江省国营农场总局老领导王桂林同志。

王震让黄家人坐在他身边，问道："住房和孩子们的工作安置好了吗？"王桂林同志答："安置好了。"

王震语重心长地说："我看到你们很高兴。你们爸爸黄振荣是个好同志，'文革'中含冤离世，我很伤心。"说着，王震的眼圈红了。

停了停，王震又接着说："你们爸爸死了，其他伯伯、叔叔还健在，他们都很关心你们。你们要继承爸爸的事业，继承你们爸爸的精神，扎根北大荒，要在北大荒建功立业。

同时,要教育你们的子女,世世代代为农垦事业做贡献。"

随后,应大家的请求,王震欣然提笔,给黄黎之子黄松博题词:

　　　黄松博小朋友,好好学习,天天向上

　　　　　　　　　　　　　　　王　震

　　　　　　　　　　　　1990 年 7 月 28 日

王震边写边说:"我老了,不戴眼镜看不见了。"

在王震重返北大荒的这两次视察中,他用笔墨和花圈表达了对黄振荣的怀念之情。

第一次,王震在八五○二农场招待所,用饱蘸墨汁的毛笔,在宣纸上给黄振荣的墓碑题词。当时,室内很安静,只有录像机和照相机的轻微响声。王震脸上流露出悲痛之情,挥笔写下了:

黄振荣同志之墓

王震敬书　一九八五年秋

写过之后,王震把毛笔往桌上一摔,脸转向朝南的窗户,流出了怀念的泪水。

第二次,王震在佳木斯市接见黄振荣全家时问起了黄振荣的墓葬情况。

王震说:"黄振荣的墓还在八五二吗?"赵英华答:"还在八五二。"王震又问:"在南横林子吗?"赵英华答:"在南横林子,到佳市后每年清明我们都回去扫墓。"王震又说:"我给墓碑题的词还记得吗?"赵英华说:"记得。""写的什么?"赵英华答:"黄振荣同志之墓,王震敬秋……"王震纠正说:"王震敬书,1985年秋。"王震的话里行间深藏着对战友和老部下的深切怀念。

王震视察到八五二农场时,执意要到黄振荣的墓地去,随行的农业部何康部长担心王震触景伤情,影响身体健康,劝阻王震。

王震说:"你们这也不让我去,那也不让我去。这次我不去,也得让我的老伴儿带着孙子、孙女代表我去,寄托我的哀思。"就这样,由王季青携子女,把挂着挽联"黄振荣同志千古　王震全家挽"的花圈敬献在黄振荣墓前,并三鞠躬,代表王震表达对躺在青山上的黄振荣的怀念。

1993年3月12日,共和国农垦事业的创始人、中华人民共和国副主席王震与世长辞。

3月20日,在八宝山革命公墓举行王震副主席遗体告别仪式。黄黎作为北大荒第二代和老铁兵子女代表参加了告别仪式。

吊唁结束后,时任农业部副部长的刘成果设宴招待了专程从北大荒赴京吊唁的代表。饭后,黄黎说出了赵英华在他赴京前的嘱托:"如见到王震夫人王季青老人,代去我的哀悼,问候老人家。并代问一段往事,1962年,农垦部王震部长闻知我丈夫黄振荣时任八五二农场场长,想要调

走,专程到了八五二农场,在八五二农场俱乐部做了一次
报告,在主席台上侧脸看着黄振荣说:'你黄振荣要走? 走
不了。你死后埋在八五二,埋在南横林子,我死后也不埋
在北京,把我埋在八五二农场和八五四农场之间,将军岭
下的松树林里……'王老当时要求转业官兵、农场职工安
心农场,扎根北大荒。现在王老去世,中央台讣告中怎么
说骨灰全撒到天山上了,那黑龙江垦区呢?"

黄黎将赵英华的话转告给王季青,王季青老人证实,
当年王震说过此番话。王季青老人和子女商量后做了个
决定,王氏家族将王震骨灰分成三份,撒在天山上三分之
一,三分之一留给王震战斗、工作、创建的北大荒,还有三
分之一准备留给王震家乡——湖南省浏阳县北盛仓乡跪
马桥村。最后,王震骨灰除三分之一撒在天山外,其余三
分之二全葬在北大荒当壁镇。这是后话。

1993 年 10 月,"王震将军率师开发北大荒"纪念碑,
在兴凯湖畔的当壁镇举行了隆重的揭幕仪式。黄黎代表
北大荒第二代参加了仪式。由于王季青老人离京前一再
提出要见赵英华,启程前夜 23 时,黑龙江省国营农场总局
通知赵英华前往当壁镇,共同参加揭幕式,并与王季青老
人见面。

9 月 15 日,王季青老人率子女前来参加纪念碑落成典礼。
她约见赵英华一家时,亲切地望着当年的小妹妹说:"你当时
那么年轻,拉扯孩子们真不容易。黄振荣这么好的同志,跟着
王老吃苦了,'文革'中又含冤而死,想起来很痛心。"

说到这里,王季青老人的眼圈红了。她打开一个精制
的表盒,取出一块镀金坤表对赵英华说:"这给您做个纪念

吧,也表示我的心意。"接着,她将亲手织的一件毛衣给了赵英华,又拿出两件衬衣分别给了赵英华两个女儿。最后捧着一盒月饼说:"这给孙子吃!"

王震去世以后,王季青老人把北大荒的事业看成王震未完成的事业,把北大荒的孩子当成自己的儿孙。她托黄黎把她购买的物品和现金,转交给垦区贫困学生。

从 1996 年起,王季青老人多次坚持亲笔给黄黎、八五二南横林子小学校长毛可诗等人写信。2002 年 5 月 24 日,王季青老人在京听说北大荒仍有 1 000 余名学生上学困难,便为孩子们题写了一段勉励的话:"北大荒的贫困儿童,你们受苦很多。但是你们都是经过艰苦锻炼的、意志坚强的青少年,所以你们也是光荣的、自豪的。希望你们继续努力,成为中国发展建设有贡献的人才,祝你们好好学习,天天向上。"

1996 年,王季青老人听说垦区有一部分贫困职工的孩子,大学上得艰难,便两次卖了自己收藏的字画,筹集到 5 万元钱,分两次寄给了黑龙江八一农垦大学。八一农垦大学以这笔钱为基础,成立了王震助学基金会,常年扶持优秀贫困大学生。1996 年到 2002 年,王季青老人为八五二农场贫困生捐款 8 次,受资助贫困生达 258 人次,累计金额105 400元。捐赠衣服 200 余件、笔 2 876 支、作业本 600 册。连续 9 年替学校订《求实》杂志 72 本。赠照相机一台,作为教学用具。

另为八五〇、八五三农场贫困学生,捐赠四万元钱和一些学习用品。

2007 年 12 月 24 日,王季青老人去世。12 月 26 日,黄黎随黑龙江省农垦总局工作人员赴京参加王季青老人葬礼,遇见前来吊唁的时任中央政治局常委、中央书记处书记的习近平同志。

王季青老人的三子王之向习近平同志介绍垦区来人,说:"他们是黑龙江垦区的,从北大荒来吊唁的⋯⋯"

习近平同志边和垦区来人握手,边对黑龙江省农垦总局王有国副局长说:"王老和王阿姨生前一直关心北大荒的开发建设,你们应该来看看,告别老人家⋯⋯"

王有国副局长向习近平同志汇报说:"我们三人就是代表黑龙江垦区160万人民,专程来京和王季青老人做最后的告别的。"

习近平同志握着王有国副局长的手嘱咐道:"你们一定不要辜负老人的厚望,要把北大荒建成北大仓⋯⋯"

王季青老人去世后,王家子女于2008年黑龙江八一农垦大学50周年校庆之际捐款160万元。2009年,王震三子王之又给八五〇小学捐款10万元,资助贫困学生上学。

2008年4月11日上午,纪念王震同志100周年诞辰座谈会在北京人民大会堂举行。时任中共中央政治局常委、中央书记处书记、国家副主席的习近平同志出席座谈会,并发表重要讲话。习近平在讲话中高度评价了王震同志光辉壮丽的一生。同年9月10日,王季青老人的部分骨灰与王震将军的部分骨灰合葬仪式在兴凯湖畔举行。黄黎参加了骨灰合葬仪式。

此后,王震的家人前来北大荒为王震夫妇扫墓或参加八一农大校庆等重要活动,只要通知黄黎,黄黎都义不容辞地参加。

第十七章　开拓精神光耀千秋

　　开拓精神是北大荒精神的基石。正是有了开拓者们艰苦卓绝地奋斗,才有了北大荒现代人的美好生活。

　　如今的八五二农场发生了翻天覆地的巨大变化。

　　如今的八五二农场,东部与八五三农场相接;南靠完达山林区,与迎春林业局、八五四农场相邻;西至小森别河,与宝清县朝阳、万金山、尖山子三个乡相接;北至挠力河,与宝清县东兴乡隔河相望。区位优势明显,交通畅通便利,依饶公路与三江高速公路穿境而过,场部及八个管理区已形成水泥路面立体交通网络。农场地域面积 1 363平方公里,拥有耕地 120 万亩、林地 43 万亩、水域 11 万亩,人口 5 万,是黑龙江垦区第二大农场。

　　八五二农场目前已成为以农业生产为主,各业综合协调发展的大型国有现代化企业。农业高产创建示范工作位居黑龙江垦区榜首,八次被国家农业部授予“全国粮食生产先进场称号”,在黑龙江省农垦总局五大作物高产创建活动中,五年来累计获得 26 项第一名。

　　展望未来,这里风景更好。八五二农场提出了建设北大荒军垦文化第一城的目标,全面培育“传承南泥湾薪火,演绎白桦林神奇”文化品牌,打造将军文化、白桦文化、南泥湾精神传承文化三个系列,努力实现“打造百万亩旱作农业第一场,建设北大荒军垦文化第一城",加快全面建成小康社会的美好愿景!

这些目标一定会实现,一定能实现!

过去、现在和未来,这是不变的历史发展规律。前事不忘,后事之师。北大荒人、红兴隆人、八五二人是不会忘记北大荒的开拓者的。

全国各种重要的历史文献、报刊和网站,只要涉及北大荒开发建设这段历史,都有黄振荣这个名字。

在完达山南麓,南横林子东部的一片白桦林里,有一座用水泥建的陵墓,一方花岗岩墓碑朝东矗立,上面镌刻着"黄振荣同志之墓　王震敬书　一九八五年秋"17个金光闪闪的大字。碑顶的红星熠熠生辉,昭示着这位黑土英灵不平凡的一生。

如今,这里成了垦区、红兴隆管理局、八五二农场以及宝清县等地区的爱国主义教育基地、北大荒精神教育基地。

同时,黄振荣成为感动新中国人物。

诗人任歌在《谒黄振荣墓》中这样说:"蹑脚轻声入桦林,云和草静思故人。硝烟篝火生前事,开业奠基系一身。斩棘披荆戴星月,晚来牛棚圈里春。忍吞雷电烧肝胆,但把真心吊冤魂。"

为弘扬传统美德,倡导现代祭奠文化理念,教育广大中小学生过一个健康、文明、绿色、低碳的清明节,八五二农场教育党委工会向全场师生发出倡议书,大力营造"文明祭奠·绿色清明"的良好氛围。农场中学组织学校师生代表为建场功勋黄振荣老场长扫墓,重温军垦先辈英勇事迹,弘扬北大荒精神和军垦精神;农场小学以主题班队会的形式,宣传清明节的历史渊源以及革命先烈的英雄事迹,激发学生的民族自豪感和爱国主义热情,树立报效祖国的远大志向。

当年的小北大荒人孙晓琳,1995 年以"我爱你,我的北大荒"为题作文,荣获黑龙江省爱国主义教育比赛一等奖。

她满含深情地说:"小时候,我曾经问爷爷,什么是北大荒呢?爷爷深情地说,'北大荒是一本书'!随着年龄的增长,我逐步认识了北大荒,它是一本书,一本厚厚的书,一本用拓荒者的青春和热血写成的书!"

孙晓琳说:"1947 年,一批革命荣誉军人来到这里,开出了千古荒原第一犁。20 世纪 50 年代末期,10 万转业官兵在王震将军的率领下,高举'向地球开战,向荒原要粮'的旗帜,风餐露宿,披荆斩棘,拓荒建场,揭开了中国农垦史上崭新的一页!"

她又说:"我怎能忘记那个动人的故事?1955 年,原铁道兵三师代师长黄振荣按照王震将军的指示,毅然离开南方秀美的城市,来到了荒无人烟的北大荒。他顶风雪,冒严寒,率队深入宝清荒原腹地,在北国亘古荒原上留下了第一行拓荒者的足迹。等回到驻地,脱下棉鞋,战士们惊呆了,黄振荣师长的脚指甲竟被冻掉了 9 个。'文革'中,他含冤离世,如今他已静静地长眠在八五二农场的南横林子中。这位老红军,来时地无一垄,死后却为北大荒留下 76 万亩良田。"

她最后说:"我知道,就是这些成千上万个黄振荣,他们哪里艰苦哪安家。'早起三点半,归来星满天,中午啃冰馍,雪花汤就饭。走着创业路,哪怕万重难,吃苦为人民,乐在苦中间!'任凭蚊虫肆虐,虎狼成群,任凭风狂雨骤,酷暑严寒,英雄的北大荒人战天斗地,在这片亘古荒原上,燃起第一盏灯,树起第一面红旗,建起了一个又一个现代化农场,使北大荒变成了北大仓!"

这个小北大荒人说得多么好啊!代表了千万人的共同心声。

一位诗人罗帆,作诗《啊,北大荒不会忘记》,吟诵垦区的这位老前辈:

> 穿上军装你就永远地迷恋着绿色
> 只有黑土地的气息才能让你安静
> 遍体青紫的伤痕磨炼了意志
> 十个脚指甲冻掉九个不喊疼
> 你用青春和热血规划荒原灿烂的美景
> 自己却栖身在泥巴和树枝搭成的窝棚
> 啊　是战士的赤诚使你如醉如痴
> 深深地爱上这块土地倾注了真情

成功的男人背后,必定有一个做出巨大奉献和牺牲的女人。黄振荣的夫人赵英华,就是为北大荒开发建设做出突出贡献的杰出的女性。

赵英华,山东招远人,1930年12月4日出生。学生时代曾就读于哈尔滨市女子中学。

1947年10月,她初中毕业后参加了东北民主联军,随即进入北安军政大学深造,后调入东北民主联军护路军绥化团任职。

1948年,赵英华随铁道纵队,经哈尔滨、长春、山海关,一直抢修铁路到北京。

1950年12月16日,她加入中国共产党。

1951年,她被编入中国人民志愿军铁道兵三师,随部队挺进朝鲜。在大同江桥地区,和战友们筑起了打不烂、炸不垮的钢铁运输线。

1954年归国后,她在北京妇女干部队工作。

1955年10月,在铁道兵王震司令员亲自动员下,放弃了铁道兵团子女学校校长的任命,一只手抱着一个孩子,另一只手牵着一个孩子,来到白雪茫茫的北大荒,陪同丈夫在完达山北,屯垦戍边,创建农场。

"文化大革命"中,她也惨遭迫害,被关进牛棚,强制劳动。她的丈夫黄振荣1968年被迫害致死后,38岁的她就独身带着四个未成年的孩子,顶着种种政治压力,坚强地生活在农场,直至1985年黄振荣的历史问题被中央军委彻底平反。1987年,遵照王震办公室批示,赵英华率领全家定居在黑龙江省农垦总局所在地佳木斯市。

赵英华的大半生是在部队度过的,先在北安军大做学员,后又担任班长、副排长、排长、文书、参谋等职。1956年转业来到八五二农场,先后任收发员、劳资干事、信访干事、民政干事等职。1987年12月,以处级待遇光荣离休。她在部队曾获通令嘉奖,在农场多次获先进个人称号。

赵英华一生陪伴着黄振荣,做着平凡的工作,却干出了不平凡的业绩。按照赵英华同志遗嘱,遵从王震同志生前指示,去世后,她的骨灰和41年前去世的丈夫黄振荣合葬,埋在八五二农场白桦林墓地,永远融进北大荒的黑土地。

辽阔的北大荒,深深地吸引着一代又一代热爱这片土地的好儿女们,为之奋斗终生。这是一项永恒的事业,需要世世代代为之奋斗。

黑土地,将永远铭记着他们平凡而伟大的名字。

附录一

黄振荣简历

（截至 1954 年 7 月）

1915 年 6 月，出生于陕西省长安市（今长安区）。

1922 年以前，陕西省西安市城内，度过童年。

1927 年，西安市东大街毛巾工厂，学徒。

1928 年，西安市汽车队，学徒。

1929 年，西安市西北军总司令部政训处，处长勤务。

1930 年，西北军陆海空军副总司令部，冯玉祥勤务。

1930 年，河南新乡西北军手枪旅，季振同旅长勤务。

1931 年，江西宁都国民党二十六路军七十四旅特务连，学兵。

1931 年 12 月，江西兴国红五军团，学兵。

1932 年 1 月，江西红五军团十三军三十八团十连，班长。

1933 年 9 月，江西湘赣军区电台，副排长。

1934 年 3 月，江西湘赣红六军团十七师五十一团，出纳。

1934 年 12 月，贵州红六军团十七师五十一团，参谋。

1935 年 11 月，湘鄂赣红六军团十七师，参谋。

1936 年 2 月，云南红六军团十七师五十一团三营，营长。

1936 年 11 月,陕北红二方面军上干队,学员。

1937 年 1 月,陕北延安抗大第三队,学员。

1937 年 8 月,太原国民师范(决死队)七队,学员 。

1937 年 9 月,太原决死队一总队三大队,教官。

1937 年 11 月,山西平定军官教导第五团三营,教官。

1938 年 1 月,山西决死三总队三大队(后改为教一师独立第一队二十六团三营),营长。

1939 年 8 月,秋林阎锡山军官训练团,学习。

1939 年 10 月,山西决死队游击一团第二营,营长。

1939 年 12 月,山西太岳决死一总队三十八团二营,营长。

1940 年 10 月,山西太岳决死一总队三十八团二营,营长。参加 30 日的关家垴战斗时负伤,被俘后逃脱。

1941 年 5 月,太行北方局党校第二队,学员。

1941 年 12 月,太原决死队三十八团二营,营长。

1943 年 3 月,太岳陆军中学第三队,学员。

1944 年 4 月,陕北抗大总校第一大队第一队,学员。

1945 年 12 月,东北东部护路军第一大队,大队长。

1946 年 2 月,东北东部护路军第一团,党委委员、团长。

1946 年 8 月,东北东部护路军司令部,参谋处长。

1946 年 9 月,东北东部护路军司令部,党委委员。

1947 年 1 月,东北中部护路军第一团,党委委员、团长。

1948 年 8 月,东北铁道纵队四支队桥梁大队,党委委员、大队长。

1948 年 12 月,东北铁道纵队第四支队,副支队长兼参谋长。

1949 年 1 月 ,兼铁道兵团四支队党委委员。

1950 年 8 月,铁道兵团第三师,党委委员、副师长。

1952 年 12 月,铁道兵团第三师,代师长。

1954 年 7 月,铁道兵团第三师,代师长(铁道兵师团干部文化班,学员)。

附录二

最浓最深大荒情

——纪念父亲黄振荣100周年诞辰

黄鲜梅　整理

今年是我们的父亲黄振荣同志100周年诞辰,又是一个勾起沉思的日子。

今天,黄振荣的子女们怀着无比崇敬的心情,深切缅怀为了我们今天幸福生活而永远长眠在这片沃土的父亲——黄振荣。

品读他无私奉献、坚忍顽强的崇高品质,铭记他对革命事业的无比忠贞。

在半个多世纪的艰苦岁月里,为了祖国解放、为了祖国的大粮仓、为了造福子孙后代,他从一名普通士兵到战士,从一名勤务兵到指挥作战的我军将领;他踏看荒原,战天斗地,在亘古荒原上创造了一个又一个人间奇迹。

无论条件多么艰苦,环境多么恶劣,他心中的理想和信念矢志不渝,他与北大荒的开拓者们,把荒无人烟的北大荒,变成了今天的共和国大粮仓。

他与老一辈无产阶级革命家一道,开创了艰苦奋斗、勇于开拓、顾全大局、无私奉献的北大荒精神,给后人留下了宝贵的精神财富。

我们伟大的祖国上下五千年,英雄万万千。父亲黄振荣的事迹,就是民族历史长河中跳跃的最美丽的浪花之一。

他开创了北大荒精神,谱写了一页页爱国主义的历史篇章,雕塑了一座座高耸的历史丰碑,他的事迹将会不断地激励一代又一代北大荒人。

打开父亲一米多厚的档案材料,一桩桩、一件件的事迹映入眼帘。如果说我们的祖国是一本书,一本厚厚的书,那父亲的经历就是书中的一小段文字,记载着他的生平……

1915 年 6 月,父亲出生在西安市一个贫苦人家。

1928 年,担任冯玉祥将军警卫员,后担任季振同勤务兵。

1931 年 12 月,随七十四旅在江西宁都进行暴动,后在董振堂、季振同、赵博生率领下参加了红军。

1933 年 4 月,在湘赣军区加入中国共产党。

先后受战伤六次,被定为二等乙级残疾军人。

1934 年 8 月 7 日,根据中央军委的训令,作为中央红军(红一方面军)先遣队,红六军团突围西征,由湘赣革命根据地遂川横石出发。父亲黄振荣跟随军团长萧克(兼十七师师长)、政委王震、中央代表任弼时,迈出了中国工农红军长征的第一步。

1935 年 11 月 19 日,父亲随贺龙、任弼时率领的红二、红六军团从湖南桑植出发,开始长征。

1936年,三大主力红军在甘肃会宁胜利会师,红军长征胜利结束。此时,红军已从长征开始时的20.6万人,减员到不到3万人。

1937年下半年,中央从抗大调父亲到延安博古处。博古面谈后,亲自写介绍信,让父亲到太原,找薄一波搞统战工作。

父亲先后担任晋绥军山西平定军官教导第五团教官、三总队大队长,教导一师独立一旅二十六团三营少校营长等职务。

1939年12月,在薄一波的努力下,晋绥军决死队三纵队33个团脱离阎锡山晋绥军,加入八路军。

1940年8月,父亲在决死队三十八团二营当营长,参加百团大战,后在山西关家垴战斗中受战伤,被救下战场。随后,在日军扫荡中被俘。伤未痊愈便伺机逃出,跑回太岳军区。

对于这次被俘,父亲在自传中这样写道:

"因当时自己的觉悟不高,没有想到自己是名共产党员,又是个营级干部,不应用这种屈服的办法来对付敌人。而逃回来后由于对这样的错误认识不足,又面临组织上对自己这么严肃,便产生了不满情绪,思想搞不通,又背上了包袱,便不服从组织上的分配(如不去抗大学习)。这些思想、行为的产生,主要是因当时的政治水平太低,原则性不强。

一、归队后的思想变化

组织安排去抗大分校学习,当时我说什么也不去,并对组织科长态度很不好,主要是由于那时对自己的错误严重性认识不够所至。后来我也没有请假,就跑到旅部和团部去了,并在窑洞里把我从前埋的东西全取出来了。以后在苦工队任副队长(当时该队没有正职,以后才派来的),我就给他们讲课,用每个人犯的错误事实来教育大家。再后来我自己也后悔了,对于错误有些初步认识了。那时我在苦工队表现很好,期满以后,组织上还是叫我去学习,因当时我有病,也未去学习,就到医院去休养了。

二、对被俘的错误认识

我是 2 月份被俘的,5 月 15 日逃回来的,共在敌方三个来月。以后经过各个时期党对我的教育和自身的学习,特别是谭政委的整风报告,对我教育很大,这才逐渐地提高觉悟,认识到自己的错误,也明白了党对我是信任的,是关心的。我下定决心,要用我的一切力量,甚至将最后一滴血献给党,献给祖国,献给人民,以弥补我的错误。以后党又分配给我很多艰巨的任务,我都完成了。

三、学习阶段我的表现

休养出院后,组织上为了培养我,让我去陆军中学,主要是学文化。在这里学习的半年时间,由于对自己的错误有了认识,也知道组织是关心我的,因此在学习中表现很积极。再加上又接受了阶级教育,因而在思想上也有很大进步。

1942 年,父亲带部队护送丁玲等文化名人穿过日军封锁线来到延安,见到了朱德总司令。朱总司令称赞父亲执行此次护送任务是为延安军民办了一件大好事，并鼓励父亲要继续革命，并将一只麻将牌一锯两半，和父亲各自刻了名章留念。

1942年，父亲在一二〇师三五九旅七一八团担任营长，和警卫营长李桂莲、独立营长肖天平、七一七团刘海一同参加了举世瞩目的南泥湾大生产运动。

1945年抗战结束前，以三五九旅为基本力量组成的南下队伍，分为第一、第二梯队。父亲随第二梯队也从延安出发南下。

1945年东北光复后，已行走在南下道路上的第二梯队，按中央电文命令，改南下为北上，昼夜行军奔向东北。

到梅河口后，父亲被分配到东满护路军一大队任大队长。部队改编了伪护路警察部队三个大队，随后编为一个团，父亲任团长。以后，黄又调任东北民主联军护路军一团团长。

1946年4月28日，苏联红军撤离哈尔滨的那一天，父亲率部接管了当时哈尔滨所有火车站。

大军南下离开哈尔滨时，父亲留在哈尔滨一个警通连，该连随后改编成哈尔滨铁路公安处。

在进关时抢修山海关铁路时，父亲立大功一次，保证了百万东北野战军顺利入关战斗。

进关以后，得知古冶和唐山敌军要撤，父亲率一个半营的兵力，连夜收复了唐山火车站、火车库、40多台机车和飞机场，恢复了唐山火车站运行秩序。

1949年1月，傅作义将军率20万守军于北平起义，接受解放军和平改编。父亲所在的铁道兵三师接收了负责北平铁路保卫工作的起义队伍。后铁道兵三师挥师西北，驻扎在西安地区，负责陕西省西安市地区的铁路安全。

1951年2月，父亲带领志愿军铁道兵第三师，乘军列奔向朝鲜，抗美援朝，保家卫国。

1952年12月，父亲任志愿军铁道兵三师代理师长。

1952年10月1日，爸爸以志愿军代表身份，回国参加在中南海怀仁堂举行的国庆招待会。

1954年，父亲率志愿军铁道兵三师从朝鲜大馆出发，到定州乘火车回国。

归国后，父亲又带领志愿军铁道兵三师开始抢修新建的鹰（潭）厦（门）铁路。因指挥得力，提前完成任务，取得了突出的成绩。

1955年，父亲被授予大校军衔。

1955年11月，父亲作为铁道兵团三师代师长，遵照王震司令员的命令来到北大荒，同时兼任铁道兵八五〇农场副场长。

1956年3月13日，父亲带着计划员甄科、生产股长李法海、通信员张寿泉，背着干粮、枪弹和地图，在宝清县万金山区公所找了一位老猎人当向导，便向茫茫荒原进军了。他们敲开了南北千里范围内的完北荒原大门，留下了开拓者的第一行足迹，他们餐宿亘古雪原，多次击退野狼的袭击，历时七天才返回宝清。

初探荒原，父亲摸清了完达山北麓有300多万亩可垦土地。他立即拟写电文向王震司令员报告，请求大军北上。在父亲的指挥下，一场以铁道兵复转官兵七千多人为主力的征服完北荒原的战斗就此打响了。

父亲率先头部队打通宝清县到虎林县的公路,保证了复转部队及农业机械到达开荒地点。

6月1日,举行开荒典礼。王震将军宣布铁道兵八五〇二部农场成立。

八五〇二部农场成立以后,父亲没白没黑地奔波在亘古荒原,组织拖拉机大队一百多台机车开荒种豆,完成了当年试播任务。

1957年10月,朱德副主席在农业水利工会代表大会上,表扬了八五〇二农场的建场经验。

1957年,在王震司令员的动员下,父亲三次放弃了军委调其回部队重新安排工作的机会。

1957年12月31日,军委给王震、黄振荣、匡汉球、罗培兴四人,一起办了转业手续。由国防部长彭德怀亲自签批,转为预备役。

1958年,父亲任八五二农场场长,。

到1968年任职10年时,父亲和战友们把八五二农场建成垦区第二大盈利农场。

父亲以八五二农场为基础,按农垦部部署,先后扩建了八五三农场、八五五农场(后改为五九七农场)和迎春林业局、东方红林业局。

"文化大革命"开始后的1967年3月的一天,父亲被揪斗,他被一部分人定为三反分子,从此他陷入了困境。

1968年1月26日,父亲含冤离世,终年53岁。

父亲生是革命的一生、战斗的一生、艰苦奋斗的一生。

军功章有父亲的一半,也有母亲的一半,写到这里,不得不谈到我们的母亲,北大荒垦荒女兵、共产党员——

赵英华,与我们的父亲荣辱与共、忠贞不渝的爱情故事。1946年3月,苏联撤军后,父亲所属部队接管了哈尔滨铁路。父亲在哈铁局绥化段,任东北民主联军护路军一团团长。该团负责绥化—哈尔滨区段的铁路保卫工作,父亲经常因工作往返于哈绥。

由于父亲已是团职干部,又是老红军,组织同意父亲解决婚姻问题。由部队出面,经一位介绍人牵线,父亲认识了我们的母亲赵英华。当时母亲正在哈尔滨女子中学上学。部队派人了解后,掌握了母亲家的情况。母亲政审合格后,被部队批准参军,并进入北安军政大学学习。1947年,母亲在绥化与当护路军某团团长的父亲结婚。结婚当天,警卫连长张汉荣等人,凑津贴费买了个床单,两套行李合一就结婚了。

1948年,东北野战军铁道纵队三师离开黑龙江南下入关。此时,父亲已是师级干部,母亲以部队参谋身份,随军从哈尔滨经长春、沈阳、北京,辗转到达西安,最后驻军宝鸡。1950年2月,母亲在行军途中入了党。由于沿途铁路被破坏,母亲一路也参与了铁路抢修工作。后来母亲回忆说:"枪林弹雨修铁路不可怕,怕的是和成堆的尸体隔墙休息。那是梅河口战斗结束后,时间已是后半夜,部队在院子内屋中休息。屋外靠墙暂时停放着尸体,以待天亮后掩埋。一开始紧张,不敢睡觉,后来困劲儿上来了,也忘了怕了,和衣依墙睡着了。天亮后出屋,院内的尸体已运走了,时间长了也不知道怕了。"

1951年,美将朝鲜战争的战火烧至鸭绿江畔。母亲随志愿军三师入朝,在师部任职。她在大同江桥沿线,和战友们驻起了"轰不垮、炸不烂"的钢铁运输线。她和战友们，先是在夜晚抬石、运土，修复被美军飞机炸坏的铁路路基，后来战争升级，白天也积极参与抢修，只有防空哨发出敌机来的信号，才隐蔽休息片刻，敌机走后，铁道线上又出现她和战友劳动的身影。就这样，她在战场及驻地，与朝鲜军民结下了国际友情。

1955 年的一天，铁道兵司令员王震，把我们的父亲和母亲接到他的家中。他告诉我们的母亲："黄振荣同志要去东北踏荒，安置部队。苏联老大哥来我国支援建设都带着夫人，你也随夫去东北。你是在东北长大的，能适应那里的生活，你照顾好家庭，黄振荣才能没有后顾之忧。把部队安置好了，你们就回北京来。另外，那里的山药蛋（土豆）很好吃哟……"

当时母亲已作为军代表，被安排在北京市妇女干训队工作，调令都已经开出。但她听从了司令员的命令，放弃了北京的工作，带着儿子及大女儿，毅然来到白雪皑皑的北大荒，从北京交道口军营师级住房住进了北大荒的泥草房，屯垦戍边，参加了创建农场的工作。

1956 年 6 月 1 日，是被载入农场史志的，有纪念意义的日子。这一天清晨，母亲和战友列队，站在人称"老三号"的荒原上，参加开荒典礼。当王震司令员宣布"中国人民解放军铁道兵团八五〇二部农场成立"，并指挥 27 台拖拉机开出完达山北第一犁时，26 岁的母亲成了军垦战士，永远地随父亲留在了北大荒这片黑土地上，深深地扎下了根。

我们家是第一个军垦家庭，先住马架子、帐篷，后住拉合辫草房。面对茫茫荒野，母亲整天为农场的建设忙碌着。农忙时，她和复转官兵人工点豆、除草、收粮……她从一名部队军官，变成了一个普通的农场农工。

母亲有两次提职涨工资的机会，均被父亲压下来了。理由是，随他来农场的铁道兵战士工资不高，领导妻子符合条件也不能提职涨工资。母亲毫无怨言地放弃了两次机会。父亲在世时，母亲一直是一名普通的机关干事，父亲不许母亲任带"长"的任何职务。

20世纪60年代初，正是国家困难时期。母亲努力支撑着我们的家，在白面里掺榆树钱或野菜，并在房前屋后种上玉米、土豆，以度灾年。

1966年，"文化大革命"开始。一场变故突如其来。

我家木刻愣房屋外墙上，被人写满了画着红叉的黑色大字。我们常想出去和对方大打一架，母亲往往劝住我们，告诉我们要相信党，相信组织，会还父亲一个清白的。

父亲含冤去世后，我们更是生活在水深火热中。

后来，母亲托王震部长在农场工作的妹妹王招庆，去京时给王震部长带去一封信。王招庆回来说，王震部长看完信气愤地说："翻案？翻什么案？这个案早晚要翻过来！"

虽然当时王震部长也帮不了父亲，但这一切让母亲看到了希望，我们全家共同等待父亲翻案的那一天

父亲去世后，家里大梁垮了，工资来源断了，家中一切储蓄被冻结了。母亲当时工资只有40来元，要维持我们全家六口人的生活，人均生活费还未达到农场最低生活标准。刚38岁的母亲在强体力的劳动下，挑起了家中大梁，

艰难地支撑起残缺不全的家。母亲带领我们度过了北大荒的严寒和酷暑,并让我们先后参加了工作。

后来,母亲恢复工作以后,先在农场政治处,后在信访办工作。她积极向上级反映,帮助一大批在"文革"中受迫害的人落实了政策,使他们洗清了不白之冤。但我们父亲的冤案却没有得到彻底平反。母亲默默期待、盼望着……

1983年11月19日,王震副总理和夫人王季青,在北京他们温暖的家中,接见了八五二农场副场长姚其瑞及我的哥哥黄黎,妹妹黄鲜菊、黄鲜梅。王老询问了八五二农场的近况和我们家的情况,当看到铁道兵部队的复函后,王老激动地说:"黄振荣从小跟着我和任弼时,曾是红六军团第一任保卫电台队的队长。如果他是叛徒,我能让他当团长、师长?真是乱弹琴。"并在复函背面做出了重要批示。

我们通过邮局,打长途电话找到母亲,告诉她王老对父亲的评价和要调父亲档案时,电话中遥远的另一端,传来妈妈百感交集的话语:"天要晴了,我们家有希望了……"

1985年春天,中央军委委派铁道兵团组织部的工作人员,送来中央军委为父亲黄振荣平反昭雪的文件。坚强的母亲在父亲去世17年后,流下了五味杂陈的泪水。

也是那一年8月,中顾委王震副主任来到垦区,来到八五二农场,接见了我们全家,并流着泪为我们的父亲题写了"黄振荣同志之墓 王震敬书 一九八五年秋"17个苍劲有力的大字。

母亲看着农场的工匠把王震题词的墓碑立在父亲的

坟前,沉思良久,终于露出了笑容。

那一年的春节,是我们家在"文革"后第一次燃放鞭炮,来庆祝这久违的节日。

随后,我们全家迁往佳木斯市的黑龙江省农垦总局定居。母亲以处级离休干部身份,住进总局机关干休所。

母亲宽宏大量,父亲平反后,她常跟我们说:"'文革'中一些不明真相的人批斗你们的爸爸和我,不要记恨他们,他们做错了事,他们会自责的。历史翻过去,就让它翻过去吧……"

母亲虽然定居总局,仍时时牵挂她为之工作了 32 年的农场。我们家成了农场部分来人的中转站,我们帮助他们买票,送站,有时还要管饭。母亲对农场的人和事,都要尽她最大的努力,乐在其中。

每年清明给爸爸扫墓,她都向接待的历届农场领导述说,为农场建设提建议,尽自己的微薄之力。

母亲曾参与拍摄中央电视台等新闻单位的大型纪录片《新中国》《中国六十年垦荒史》《王震率师开发北大荒》等。

1985 年和 1990 年,王震将军代表党中央、国务院和中央军委两次到黑龙江垦区调研、慰问,均接见了我们全家。

1993 年 3 月 12 日,王震副主席去世,享年 85 岁。哥哥黄黎以铁兵后代和北大荒第二代的身份,随黑龙江省农垦总局吊唁团赴京吊唁。

1993 年 10 月,王震将军率师开发北大荒纪念碑在兴凯湖畔的八五一〇农场二分场落成,并举行了隆重的揭幕仪式。

2000年,我们全家随黑龙江省农垦总局搬迁至省城哈尔滨。但年年清明,我们家依然回农场扫墓

2007年12月24日,又一个不幸的消息传到北大荒:王震将军的夫人王季青老人,平静地辞别了人世,享年94岁。

2008年9月9日13时,从北京飞来一架专机,降落到黑龙江省牡丹江市民用机场。王震将军的子孙送王季青老人的骨灰到北大荒来了。他们在9月10日当天,兑现了王季青老人的诺言,把为新中国的建立,为新民主主义和社会主义教育事业奋斗了七十年的王季青老人,送到她最后的归属地,与王震将军合葬了。

而就在这一年春天,我们的母亲被检查出得了癌症。清明前一天,接她回农场扫墓的车在楼下等候着,她却无法下楼了。随后,母亲住进了黑龙江省农垦总局机关医院,再没离开病床。

在母亲治疗期间,黑龙江省农垦电视台采访她,她忍着钻心的疼痛,只能用简单的话语和手势作答。

母亲当了十年兵,对军装有着深厚的感情。她告诉我们,她永远是个兵,如果走了,要穿着军装走,去找我们的父亲。

2009年7月27日,80岁的母亲赵英华穿着军装,永远地走了。在她走完生命的最后一刻时,天空下起了瓢泼大雨。

2009年8月1日,八一建军节,母亲的骨灰被送往父亲的墓地——八五二农场总场白桦林墓地。

当车行驶到农场"老三号"时,天空又下起了大雨。母

亲用一生的忠贞,固守了对爸爸不变的承诺,她的一生感动了苍天,感动了大地……

当母亲的骨灰与父亲合葬时,送葬的人发现一对大马莲(当地人对一种大蝴蝶的称呼)围着墓地飞舞,一直跟随着我们,久久不肯离去。人们说那是一对比翼蝶,暗示着父亲与离别42年的妻子重逢。也暗示着,他们在北大荒农场白桦林墓地永存下去,他们留下的精神财富,还要由他们的儿孙在北大荒继承下去。

我们怀念父亲,他在北大荒工作时倾注了无数心血,他的足迹遍布完达山北,他精心地呵护、照料着这片黑土地,孺子牛般地耕耘着这片沃土。

父亲从1955年到北大荒初探亘古荒原的那时起,就把北大荒当作了他的第二故乡。

他为组建、发展八五二农场,扩建八五三、八五五农场倾注了大量心血,为北大荒的军垦事业写下了光辉的篇章。他带领复转官兵发扬南泥湾精神,一手拿枪,一手扶犁,自力更生,艰苦创业,把千古荒原变成了塞外江南。

父亲具有强烈的革命事业心和责任感。他牢记全心全意为人民服务的宗旨,对工作认真负责,常常工作到深夜,几乎没有节假日。他的讲话稿、报告从来都是亲自动笔。在我们的记忆里,父亲从未休假和疗养过。记得小时候好几次过春节,全家人等着他吃团圆饭,但他却到连队和转业官兵及支边青年家中慰问去了。父亲经常骑着马,顶风冒雪,深入边远的连队,在拉合辫草房里与干部、职工亲切交谈,共叙垦荒大业。

战争年代,父亲六次负战伤。在北大荒开荒建设时期,又爬冰卧雪趟冰水,冻掉了九个脚指甲。

父亲一生大公无私,清正廉洁,艰苦奋斗,以身作则,始终保持劳动人民的本色和共产党员的浩然正气。

父亲教育我们要继承革命传统,不要有优越感和特权思想。无论刮风下雨,还是大雪纷飞,我们上学、出门,父亲都不允许乘坐配给他的小车。只要有时间,父亲就会带我们上街买冰棍,周围有多少孩子都人人有份。因公出差不管有几人同去,父亲都会自己掏腰包,从不会让下属付钱,更不会用公款,父亲总是千方百计地为农场节约资金。

父亲历来公私分明,从未因私事而用公款请客。母亲是 1947 年参加革命的老干部,工资多年都未变动过,父亲在她的工资、职级问题上说过:"你已是干部了,跟我来的兵工资都很低,涨工资的机会让给他们吧。另外,不要担任带'长'的职务。"就这样,母亲到离休仍是干事。

而父亲对很多老同志则非常关心、爱护。父亲认为,这些老同志为中国革命和农场的发展做出了突出的贡献,关心、照顾他们完全是应该的。

父亲对北大荒的浓浓深情是常人难以理解和想象的。因为这里有他无限眷恋的广袤大地,有和他休戚与共的老部下,有他朝夕相处的转业官兵、支边青年,有他开创的宏伟大业,更有他终生追求的远大理想。

今日,他的音容笑貌仍鲜活地存在于农垦人的脑海中。他已长眠于北大荒47年! 这47年里,八五二的人民没有忘记他,提起老场长,都夸他是当年的焦裕禄,没有一个不竖大拇指,这就是他的人格魅力。他是来北大荒的老红军师长中唯一一个忠骨永驻黑土地的高级干部。

　　2015年6月，如果父亲还健在，就满100周岁了。他倾其所有地为他所热爱的解放事业、热爱的黑土地奉献了毕生精力，最后长眠在北大荒的黑土地中，他就是永存的黑土英烈。

　　父亲是当之无愧的北大荒农垦事业的开创者、领导者、奠基者，他受到了垦区人的爱戴和敬仰，他所建立的不朽功勋已载入北大荒农垦史册，他的英名农场人永远不会忘记。

　　作为北大荒的后代，我们要继承革命先辈的优良传统，从一点一滴的小事做起，明辨是非、善恶、美丑，树立正确的社会主义荣辱观，培养热爱祖国、热爱家乡、崇尚科学、辛勤劳动、团结互助、诚实守信、遵纪守法、艰苦奋斗的品质，做北大荒精神的践行者和传承者。这就是我们对先辈的铮铮誓言，我们要让先辈的殷切希望变成辉煌的现实。

　　父亲的一生是不平凡的一生，对党和人民无比忠诚，为党和人民奋斗终生！

　　我们相信，他的英雄事迹将与日月同辉，与山河同在，他的名字将万古流芳，永远载入共和国的史册，光耀千秋。

　　亲爱的父亲，我们可以欣慰地告诉您，您情之所系的这片黑土地正发生翻天覆地的变化，您的梦想即将实现，北大荒的明天像《仰视你北大荒》里所写的那样：

　　曾记得，解放战争的硝烟还未散去，

　　毛泽东就把关注的目光投向了黑龙江。

　　"培养干部，积累经验，创造典型，示范农民"，

　　松嫩平原上，走来了一群穿军装的儿郎。

烧荒的野火映红了白雪皑皑的完达山，

握枪的手，扶起了人拉肩扛的犁杖。

难忘一九五八年那个寒冷的初春，

十万复转官兵，再次把垦荒的战斗打响。

这就是南泥湾，三五九旅的战歌依然在唱，

英雄的志愿军又走向新的战场。

极其艰苦的环境中，用汗水播种希望，

几代人艰苦奋斗，几十年雨雪风霜。

北大荒由春天的嫩绿走进了秋天的金黄，

康拜因收割着喜悦，黑龙江、松花江、乌苏里江流淌着欢畅。

像大城市一样的农场场部，高楼林立，

广场上扭秧歌的大妈，穿得像模特儿一样时尚。

退休的老兵依然喜欢与老战友在棋盘上厮杀，

嘴里哼的还是那首"花篮的花儿香……"

北大荒的绿色食品摆上农展馆的展台，

米、面、油、乳装满了出口的集装箱。

这就是富饶的北大荒，

为中国的粮食安全筑起了坚固的屏障。

这就是神奇的北大荒，

黑土地上书写中国农垦史上最壮丽的篇章！

这是一片英雄的土地，北大荒永远不缺少正能量。

走进北大荒博物馆，

最令人震撼的是那面密密麻麻的"人名墙"。

一万二千多名转业官兵的名字，像一万二千多座丰碑，耸立在人们心灵的高地上。

在垦区六十多年开发的岁月里，

已经有五万多名转业官兵、支边青年、知识分子、知识青年长眠在这块黑土地上。

你是谁？你是铁道兵代师长、老红军黄振荣，

十个脚指甲冻掉了九个，浑身累累创伤。

没有给孩子留下任何遗产，

只给国家留下了七十六万亩良田，稻谷飘香。

……

北大荒人的胸怀，

像三江平原一样壮阔宽广！

这就是北大荒人的忠诚，

对祖国的爱，山高水长！

怀着海一样深的爱恋，

带着山一样高的景仰。

在这稻谷飘香的季节，

在这秋高气爽的时光。

我来了，

我来到了我久已向往的地方；

我来了，

我来到了这块神奇的黑土地上。

我在垦区漫步，我在垦区徜徉。

一山一水，使我振奋；

一草一木，令人激昂。

我要一千次地歌唱，

歌唱北大荒这充满希望的田野；

我要一万次地祝愿，

祝愿北大荒精神永放光芒。

我要高呼：北大荒人万岁！

我要写一首赞美诗，

永远永远刻在这块辽阔的土地上！！

在这里，我们全家人向父亲表示深切地怀念和由衷的敬意！

儿子	黄　黎	儿媳	张淑珍
长女	黄鲜民	女婿	董绪华
二女	黄鲜菊	女婿	张龙江
三女	黄鲜梅	女婿	胡　玮
孙子	黄松博		
外孙女	董　莹	外孙女婿	孙耀强
外孙女	张晓萌	外孙女婿	李敬超
外孙女	胡笑扬	外孙女婿	纪　玮

附录三

在王震伯伯忌日的怀念

黄　黎

2012 年 3 月 12 日,是王震伯伯去世 19 年的忌日。作为北大荒第二代,回忆王震伯伯在北大荒开发建设的往事,我心中难以平静。王震伯伯是父亲黄振荣的老上级、老领导,和父亲共事 37 年,对北大荒的开发建设,对我们全家的关怀永世不忘。

父亲黄振荣 1928 年为冯玉祥将军警卫员,1931 年参加江西宁都暴动后参加红军,1932 年由萧克、蔡会文从红五军团调到红六团,在王震政委领导下任红六团第一任电台队队长,随后,余秋里接任父亲的电台队队长职务。父亲长征时为营职,在南泥湾大生产中任三五九旅某营营长,1952 年任铁道兵三师代师长,抗美援朝归国后,奉王震司令员命令,率部开发亘古荒原北大荒。1955 年初冬,王震司令员把父亲、母亲、我和妹妹接到家中饯行,从此,我们全家和北大荒结下了不解之缘。

1956 年 3 月 13 日,迎着漫天大雪,父亲带着 3 名干部,带着干粮、枪弹和地图,在宝清一位老猎手的指引下,按着王震司令员主攻指令,走向完达山北,敲开了完北南北千里范围内的荒原大门,留下了开拓者的第一行足迹。在白雪皑皑的亘古荒原上,开拓者们餐宿雪原,多次击退野狼的袭击,在军用地图上标满了 176 个垦荒点,标明了以后要建的铁道兵八五二部农场各团部(分场、林场)、连队的位置(含现在八五三、五九七大部连队及迎春、东方红两个林业局多个林场),历时 7 天,后返回宝清。

初探荒原,摸清了完达山北麓有 300 多万亩可垦土地,父亲立即拟写电文,向王震司令员报告,请求大军北上。

1956 年 4 月上旬,铁道兵先头部队开进了完达山北,因化冻,被困荒原。王震司令员随即从北京来电:

虎林八五〇党委并转宝清指挥部:

你们深入山北地区,行动迅速,意志坚强,很好。目前转建部队正在整装待命,大量机械已经集中完毕,即将向你们垦区进发,望务于 5 月 10 日打通虎林—宝清直达公路,以便迎接部队到来,祝你们胜利。

铁道兵司令员兼政治委员王震。

为了落实王震司令员打通虎宝线的命令,先头部队十几个连队,2 000 多名干部、战士,在 120 公路线上伐树、烧树根,打下了 48 座千古荒原第一桥桩,保证了 5 月 10 日全线通车。

6 月 1 日,王震司令员在八五二农场"老三号"开荒典礼上,宣布了铁道兵八五二部农场成立,并坐上第一台拖拉机,命令拖拉机手开车。顺着将军手指的方向,拖拉机手谭光友手握操纵杆,开出了千古荒原第一犁。

随后,王震司令员在父亲陪同下,选定了八五二农场场部位置、蛤蟆通水库库址,并亲自为将要建立的连队起名黎明新村(八五三农场成立后划归八五三农场)。

在王震司令员的安排下,8 000 多铁兵在完达山北摆开战场,当年即开荒 20 多亩,官兵住进了营房,随后八五二农场还扩建了八五三、五九七农场。

王震司令员从 1956 年到 1990 年,19 次亲临八五二农场,居全国各垦区、各农场之首。他在寒冬道路不通的情况下,顶风冒雪几百里,从密山县乘拖拉机拉的爬犁,到农场给官兵们拜年;在拖拉机因雨季陷车时,他和战士们一起清除五铧犁上的大泥;他亲手在农场办公室前栽下一颗红松;他经常深入分场职工家,问寒问暖;他为农场建设呕心沥血,苍天可做证。

1960 年,王震司令员亲自指示父亲,将湖南老家他亲妹妹王招庆举家北迁八五二,要求安排普通工作,仅送其妹一锄、一镰、一件皮大衣,并告之,锄镰用以自力,皮衣用御寒风。王招庆在八五二农场一待就是 16 年,甚至一个女儿因病死在八五二场部。王震伤心哪,因为王震一生有三个儿子,没有女儿,随后这个姑娘被葬在农场场部白桦林公墓。

王震没有给妹妹王招庆任何特殊照顾,而对诗人艾青,则任命为八五二农场示范林场副场长。在当年发配至北大荒的 1 500 多名右派中,担任领导职务的,仅艾青一人。将军的温暖,帮艾青度过北大荒漫长的冬季。

王震司令员对父亲黄振荣怀有浓浓的战友情。父亲在农场安营扎寨工作基本完成时,中央军委三次电报通知父亲回京报到,另有任命。王震知道后,1962 年专程来到八五二农场。在农场职工俱乐部大会主席台上,侧脸对父亲说:"你黄振荣想走,走不了,北大荒需要你,你死也要死在八五二,埋在南横林子。我死后,也不埋在北京,埋在八五二和八五四将军岭下的松树林中,也不要人悼念我们……"

王季青妈妈陪王震司令员也到了八五二农场,开会时坐在主席台下第一排,她听到司令员对父亲说的话,冲父亲黄振荣一笑,意思是"你走不了啦"。父亲一伸舌头,做个鬼脸也笑了。

王震伯伯回京后,父亲没再提调走的事,从此,就把根扎在了北大荒。

但令人没有想到的是,"文革"中父亲黄振荣受到迫害,含冤离世后真埋在南横林子,这是司令员万万没有想到的,王震伯伯心痛啊!

1983 年 11 月 19 日,我和两个妹妹黄鲜菊、黄鲜梅去北京看望王伯伯。一见面伯伯很激动,他想起了埋头苦干命归荒原的老部下,还在背着历史的包袱,默默地在地下等待着平反昭雪。伯伯开口的第一句话就是:"你父亲的问题落实了吗? 你父亲从小参加红军,在我和任弼时身边工作,在红六军团任第一任保卫电台队队长。以后,是余秋里接他保卫电台队队长的工作。如果他是叛徒,我还能叫他当团长,当师长吗? 真是乱弹琴……"

王震伯伯当下吩咐唐玉秘书:"把黄振荣档案给我调来,我要找军委邓小平主席,杨尚昆副主席,一定要给这位老红军落实政策。"

一年后,中央军委审查了父亲被俘的历史问题,予以平反。

　　1985 年,王震第十八次来到八五二农场。伯伯触景生
情,陷入悲痛的怀念中。父亲黄振荣奉司令员命令来北大
荒时,完达山北荒原地无一垄,含冤走时,给共和国留下 76
万亩良田,伯伯为爸爸办好最后一件事,亲自题写了碑文。

　　1990 年,担任国家副主席的王震伯伯第 19 次来到八
五二农场。他执意要到父亲的墓地去,受到随行人员劝
阻,毕竟伯伯已是 82 岁的老人了,怕影响伯伯身体健康。
伯伯说:"这也不让我去,那也不让我去,这次不让我去,也
得让我老伴带着孙子、孙女前去,寄托我的哀思。"于是,王
季青老人代表伯伯,带着孙辈来到白桦林墓地,把"黄振荣
同志千古　王震全家敬挽"的花圈摆在了父亲墓前,并深
深鞠了三躬。重情重意的伯伯感动了八五二农场几代人。

　　1993 年 3 月 12 日,王震伯伯与世长辞,2007 年 12 月
24 日,王季青妈妈也辞别人世,这两次,我作为铁兵第二代
和北大荒第二代代表先后赴京送老人家最后一程。

　　王震伯伯去世后,王季青妈妈兑现了伯伯当年在八五
二农场的承诺,把伯伯三分之一的骨灰撒在新疆天山,三
分之二的骨灰送到北大荒。王季青妈妈去世后,她的骨灰
也被子女送到北大荒,和王震伯伯合葬。我先后参加了,
在牡丹江管理局当壁镇举行的王震伯伯、王季青妈妈骨灰
安葬仪式。

　　我们的母亲赵英华随后去世,我们也遵照王震伯伯生
前的安排,和父亲黄振荣合葬在八五二农场总场白桦林公
墓。我的父母和王震司令员夫妇,隔完达山将军岭相望,
他们永远留在了北大荒。

在随后的日子里,王伯伯1990年对我儿子黄松博说的话时时回响在耳边:"你爷爷黄振荣在北大荒当了爷爷,你父亲将来也要在北大荒当爷爷,你将来也要在北大荒当爷爷,要在北大荒继承下去……"

如今,王震伯伯已永远地离开了我们,他的音容笑容已成永恒的回忆,但他心系黑龙江垦区开发建设,念念不忘北大荒后代的无产阶级情怀,将使我们北大荒第二代、第三代……永世不忘!

逝者已逝,精神永存! 王震伯伯永远活在北大荒人心中!

附录四

诗人修路

——记著名诗人艾青的一段佳话

黄　黎

　　1958 年我国一批知识分子被打成右派,艾青就是其中一员。为了保护艾青,王震将军亲自把艾青由北京调到当时刚开垦的八五二农场,当示范林场副场长。

　　当时的八五二农场总场——南横林子镇,刚建立在完达山北一片绿树成荫的原始森林中,是一个鸟语花香的地方。

　　诗人的住房是一幢专供师级干部居住的木结构房屋,房屋坐北面南,东侧就是通往修造厂的 2 公里长的大路。

　　诗人工作之余的爱好,就是踩着这条土路漫步在林中,进行诗歌创作。

　　诗人经常手夹香烟,走走停停,构思着美丽的词句,但推敲词句时往往产生一些苦恼,脚下稍不留神,就会被残留的树根及高低不平的路面绊得踉踉跄跄,随时有摔倒的危险,想好的诗句就会飞到爪哇国去了。这也难怪,当时的这段路是伐木后抢修而成的,随地有暴露的残留树根,诗人也奈何不了。

随着夜幕的降临,诗人小心翼翼地返回住房,心中难免产生对这段路的怨恨。

夏季来临的一天,诗人把自己关在房中,伏在简易木桌上,思路沉浸在诗的海洋中,忘却周围,忘却了一切。

随着一阵有节奏的敲门声,诗人的思路被打断了,额头上皱起了无奈的纹路,诗人下意识说了一句:"请进。"

门开处微风吹进,刮得桌上纸张跃跃欲飞,诗人用手按住纸张,耳边传来"诗人同志,能给我些水喝吗?"的声音。

诗人抬头一看,一个年轻的少尉站在门内,满头大汗,嘴唇上布满了白色干皮,正望着他。

"暖瓶中有热水,我给您倒一杯吧?"

"最好有冷水,解渴。"少尉答道。

手持葫芦瓢,少尉的头仰着,喉结急剧波动,一瓢冷水片刻之间流入了少尉的体内。

看了少尉的渴相,诗人不解地问道:"干什么工作,渴成这样?"

"修路。"

"修路?"

随看少尉的手指,诗人透过东窗看去,见大路上站满了修路的转业官兵。

"今天礼拜天,我们在修这段路,要不然,这段路太难走。"话语未消,少尉拔腿就走。

"等等……"

这令少尉丈二和尚摸不着头脑。

"我和你们一起去修路。"

诗人大踏步和少尉步出房门,手持铁锹加入了筑路队伍。

别说,这路修的还真奇特。诗人修了一会儿路,就发现了奇特之处:先挖出树根,路两侧挖出排水沟,路面用锹铲土铺平,上面横排顺序铺上碗口粗的柞木杆,上面再铺上一层土,用碾子压平,一段一段路就修成了。

经过一整天地工作,土路竣工了。

诗人这下可高兴了,茶余饭后,诗人经常徘徊在这条土路上,再也不用担心脚下被绊了。夜幕降临以后,散步的人们,经常看到一个人影、一个烟头的火光在道上游荡,直到夜深人静,路上无人,诗人真是流连忘返了。

一百首风物诗就在这条路上构思而成,再由诗人写成诗稿送给上级审查。当时上级一位负责人批道:"此诗看不懂,原稿退回。"诗人从此沉默了。这条路上经常看到的还是诗人的身影,但诗人作诗的雅兴已荡然无存。

诗人1961年离开北大荒去了新疆,"文革"后期落实政策回到了北京。在此后的这些日子里,诗人一直怀念北大荒的干部、战士,怀念这条林中土路。但直到我国这位诗坛巨星陨落,也没能再回到这条路上转转走走,再进行诗的创作……

附录五

闪光的军号吹响进军荒地的颂歌

——记一个老铁兵司号员和他的军号

黄 黎

如果他能活到共和国成立六十周年,他会以一个老兵的身份参加盛大的庆典。可是他已永久安睡在北大荒的黑土地上,留下了一份珍贵的纪念物——一个闪闪发亮的军号。

记得小时候生活在农场,农场清一色的转业官兵,其中有一位姓付的司号员,人们习惯称他为付司号,他也乐呵呵答应,久而久之,他的真名渐渐被大家遗忘。

付司号穷苦人家出身,小时给地主家放过猪。光复后参加东北民主联军、护路军,抗美援朝时当过志愿军,到过朝鲜,他的工作就是用军号调动千军万马战斗。

朝鲜归来,参加开垦荒原。他的任务之一,就是用军号指挥农场官兵起居和工作。

清晨,付司号手持铜号,迎着初升的太阳,身披万道霞光吹响了起床号。

官兵们整理好被褥,从场部拉合辫泥土房中走出,伸展腰身。当出操号响起以后，队伍很快集结，在一、二、三、四的口号声中开始了一天的晨练。

转业官兵的一天都在号声中度过，有吃饭号、工作号、训练号、紧急集合号、收工号、熄灯号等。付司号会用不同的音符吹奏不同的号音，提示转业官兵工作、生活、作息。

在号声中，沉睡千年的土地苏醒了，肥得冒油的土地上的庄稼，向一望无际的天边延伸……

记得那时候，经常看到付司号一有空闲，就用缴获的美制降落伞上剪下的一块白绸布，反复擦拭铜号。有时还哈上一口气，把铜号擦得金光闪闪，光可照人，最后小心翼翼地放入自制的布袋中保存起来。

每当擦拭铜号时，他的身边往往会吸不少孩子围观。记得有一次，一个同学得到付司号的允许，接过铜号，按照付司号告诉的办法，鼓起腮帮，嘴对号嘴，运足了力气吹起了铜号，铜号没奏出美妙的号音，却发出短暂的嘟嘟声和漏气声。

在孩子们的哄笑声中，付司号说道："这不是一天两天练就的功夫，得练得嘴肿牙活才能逐渐练成。"

付司号又说道："军号在战争年代，在首长的命令下，指挥千军万马打下了新中国。今天，我们要用军号指挥千军万马建设新中国"。

随后，他又神秘地说："有一些号音，在战争年代使用，和平年代已不用了，比方说冲锋号。"

在孩子们的请求下，付司号调整了一下站姿，吹响了他久违的冲锋号。那嘹亮的号声，伴随着孩子们的呐喊声，在农场林中久久回荡。

慢慢地,我知道了军营里的军人,每天是按照 12 次（或 13 次）定时的军号作息的,这个传统随部队转业官兵带到了北大荒。

随着农场的发展,农场广播站成立了。农场方圆百里一百二十万亩良田,四十万亩林地,三十万亩水库,只要有人居住的分场、连队,通过电话线,农场的广播全能听到,号声从此进入农场广播之中。

清晨,播音员用老式唱机,放入专门的唱片,奏响了起床号,开始了一天的广播。不同的号声指挥着农垦职工工作、生活。

从 1960 年到 1980 年,农场经历了开发、初建、巩固、提高阶段,进而成立兵团。农场广播站变为 20 团广播站。号声始终没断,一直在农场上空回荡。

自从农场广播站开始播出军号声后,付司号和他的军号就退役了。但他擦拭军号的习惯却从不间断,擦拭后的军号仍由一个布袋装着,挂在他家主墙显眼位置。

如今,当年从朝鲜战场下来开发北大荒的老铁兵付司号,已经作古,被埋葬在农场白桦林公墓中。不知他的墓志上怎样记载,我想应在一个显眼的位置上,刻上他心爱的、闪闪发光的、永远发亮的军号。

附录六

难忘北大荒农场歌舞《春归雁》

黄　黎

20 世纪 50 年代中期,王震将军率领两万铁道兵、十万转业官兵化剑为犁,从朝鲜战场、从祖国的四面八方,挺进祖国东北角——黑龙江省密、虎、宝、饶四个县区域内的亘古荒原,开垦肥沃的黑土地。

当时,转业官兵为了反映火红的垦荒史,创造了不少军垦之歌。最为人们熟知的是《永不放下枪》。这首经过王震修改的诗,又变为歌,成为十万转业官兵转战荒原的战歌,响彻祖国大地,成为至今仍在垦区流传的垦歌。

随着年代的变迁,还有一曲歌伴舞《春归雁》,却逐渐被人们淡忘。此事要从八五二农场建队说起:1958 年 10 月,以公安军文工团为主转业的部队文艺干部,和先期来农场的畜牧场转业的文艺宣传队,组成了八五二农场文工队。先后创作和排练了作品百余件,有京剧、歌剧和话剧,同时还有歌舞《春归雁》。

大雁在唐代杜甫五律诗中又被称为"归雁",以此来寄托思乡之愁。还有其他文人的解释:"大雁为候鸟,秋天南飞,春天北飞。候时去来,又称'归雁'"。那时,农场的大雁确实多,春天,冰雪还没全融化完,大雁就从南方或排成人字形,或变换队形飞回农场,在农场顶凌播种的黑土地上,啄食着种子。有人哄赶,便会飞走,落在农场湿地、河边,寻找食物,生蛋育子,农场成为大雁的家园。

也许是大雁频频光顾农场,启发了文工队的文艺工作者,一场歌伴舞《春归雁》产生了。歌曲采用四分之三节拍。

队长兼总导演是赵玉秀(外号赵聋子,在朝鲜当志愿军文工团组长时,耳朵被炮弹震聋)。词作者是文工队转业官兵吴汉杰。曲作者已无法查明。领唱演员是齐德珍(志愿军文工团团员,在战场上受伤,三等乙级残疾,后调总局统战部,现定居美国)。

这场歌伴舞,通过春归大雁认不出北大荒这个发生巨大变化的家乡,讴歌了北大荒十二万转业官兵开发、建设北大荒的业绩。

剧情大致是这样的:一群大雁在头雁带领下,春天返回北大荒。在空中看到山河已变,走时满眼荒凉,野草丛生,归来时,看到的是高楼、大瓦房和遍地春麦。大雁正在观望时,一男一女随歌起舞。男戴无帽徽大盖帽,女围头巾,动作为:放下枪支、背包,拿起劳动工具进行劳动……此情此景感动了大雁,它们认为,在转业官兵开发、建设北大荒的过程中,已使塞北变成了江南,决定不回江南去,永远留在春天的北大荒。

《春归雁》编舞者为董尚志(从总政歌舞团转业,曾参与《游击队员之歌》创作),辅导者是作家史方。领头雁先后共换了三个扮演者,第一个头雁扮演者是肖风生,第二个因年代已久记不清了,第三个是秦金兰。雁群扮演者有齐美玲、于翠英、小柴、吴某燕(因年代久远,已记不清)等。

开始,是在总场一食堂的松木舞台上演出。1962年农场职工俱乐部建成,可容纳1 200多人,舞台台口20多米宽,有乐池和侧幕。演《春归雁》时在大提琴和意大利牌手风琴的伴奏下,扩音器中传出齐德珍的领唱声,舞台侧幕中,一群身穿白衣裙,背带双翅的大雁飞向舞台,舞台背景出现无边的田野和远处的楼房……表演常博得阵阵掌声。

在1966年5月,北京市王昆仑副市长,带领北京市京剧二团到农场慰问演出。看了这场歌舞,深深被吸引住了,连称转业官兵文工队中藏龙卧虎,山沟里飞出了金凤凰。由于深受转业官兵的喜欢,歌舞《春归雁》1958年被密山农垦局等多家文工团采用。歌词变成好几个版本,被带到上海、江西垦殖场演出。也为王震部长演过专场。1962年演员在北京中南海,为党和国家领导表演,并受到周总理的亲切接见。

1964年,由于农场资金困难,文工队解散。大部人员调入甘肃平凉专区文工团。

随团而去的赵玉秀、夏纯谨夫妻,栗连(后调总局电视台、现定居美国)、齐德珍夫妻,由于想念开发北大荒的火红生活,征得当时的当场长黄振荣的同意后,又调回农场。

随着"文化大革命"的到来,《春归雁》受到了批判,说是小资产情调的歌舞,被禁演了。

十一届三中全会以后,万物复苏。1985年农场联欢会上,身为八五二农场面粉厂小学校长的夏纯谨,组织小学生,在舞台上再现了歌伴舞《春归雁》,引起了全场的掌声雷动。

后来,队长赵玉秀去世,夏纯谨退休异地安置,这支歌伴舞渐渐远离了农场。

近期浏览互联网,无意翻到歌曲栏,竟看到《春归雁》。打开一听,那熟悉的曲调让人怦然心动。现抄录下来,算是对那个年代的回忆吧。

1 = A 3/4　　　　　　春 归 雁

1 2 3 | 3 5 6 | 1·2 65 | 6 — — | 5 3 5 | 6 3 2 | 1·7 61 | 2 — — |

天 高 云 淡 雁　成 行,　　展 翅 飘 飘 回　故 乡。

归 时 无 边 漫　草 荒,　　今 日 初 春 麦　更 香。

飞 呀 飞 呀 转　呀 转,　　塞 北 江 南 都　一 样。

3 — 2 | 5 — 3 | 2·5 12 | 7 — 6 | 3 5 6 | 2 3 2 | 1·7 61 | 5 — — |

追 逐 春 风 千　万 里,　　比 翼 飞 回 北　大 荒。

归 时 满 眼 荒　凉 野,　　今 日 高 楼 大　瓦 房。

如 今 不 回 江　南 去,　　北 大 荒 永 远 是　春 天。

6 56 | 1 2 3 | 2 — | 2 | 3 — — — | 1 2 3 | 5 | 6 3 2 | 7 — 6 | 1 — — ‖

转 眼 忽 见 山　河 变,　　看 不 见 家 乡 在　何 方。

千 家 万 户 齐　欢　唱,　　遍 地 红 旗 似　海 洋。

如 今 不 回 江　南 去,　　北 大 荒 永 远 是　春 天。

难忘的八五二农场工人俱乐部

黄　黎

　　盛夏季节,我又回到了八五二农场,住在宾馆。清晨,吸着南横林子特有的清新空气,不知不觉走到了农场俱乐部旧址,王震将军题写的"工人俱乐部"已不见踪影,场地已被围起来,据知情人说,要建两座农场最高的楼房,正在紧张施工中。

　　看着俱乐部遗址,久久不愿离去,想起了曾发生在俱乐部的许多往事。

　　这个俱乐部建在中国版图上一个叫南横林子的农垦城镇。俱乐部在总场茂密的森林中,占据场部最高地势,是 20 世纪 60 年代初建场初期,由农垦将士,伐光原始森林原场地树木建成的。俱乐部坐北朝南。

　　从空中俯视,整楼为工字形,工字形两横为前、后楼,各为三层。前楼门面有仿人民大会堂的柱子,直顶三楼房间顶部。

　　前后楼先被场机关使用,搬出后,前楼设立图书室、乒乓球室。二、三楼中间的大厅,可开展多种活动或舞会。有时,会有北京知青马铁锁等人和六六三来的转业兵比赛摔跤,又变为较量场地……

后楼由宣传部使用,有洗相片的暗房及文艺宣传队休息室。

工字形中间是能容纳 1 200 多人的二层观众席。对面主席台上,挂有四层侧幕布,台口宽 20 多米。舞台前边下部有乐池,供演出单位、指挥等人使用。后因常有积水,指挥等人改在侧幕后演奏。这里曾进行过军委总政歌舞团慰问演出,场直地区集体合唱比赛,八五二农场建场初期歌舞剧《春归雁》演出,北京知青蔡扁豆(绰号)表演关于越南战争中两个美国兵的活报剧,大型话剧《夜闯完达山》,样板戏《红灯记》《沙家浜》《杜鹃山》,还有《白毛女》等多种戏种的演出。而"文革"中,侯宝林、马季等相声名人演出,则因俱乐部装不下兵团战士,改在俱乐部门前广场演出,引来上万人观看。

如放映电影,便由人操作,用滑轮在舞台中央放下幕布即可。如在白天演,为了防止阳光进来,工作人员会用长木杆放下俱乐部两侧遮阳的黑幕布。

在这里,我看过《英雄战胜北大荒》《北大荒人》等影片。

可以说,俱乐部虽然建在 20 世纪 60 年代初,但和今天大城市的剧场相比,也毫不逊色。

您不要认为这个俱乐部只是个娱乐场所,更大的作用是召开各种大型会议:春播动员会、麦收誓师会、职工代表大会、年度表彰会。农垦部王震部长、张省三副部长、萧克等很多中央领导在此做过报告。

1966 年,首批南中红卫兵赴京,接受毛主席检阅,便是从这里乘车出发。随后步行进京的红卫兵,在欢送的掌声中,高举红旗,背着行包,迈开双腿,豪迈地走上了去北京的道路⋯⋯

"文化大革命"开始后,农场俱乐部成为开批斗会的地方。父亲黄振荣在这里被定为"三反分子",站在台上被批斗。

农场大乱,一拨拨人在这里被批斗。农场两大派造反团在这里辩论,俱乐部内人声混杂,乱成一片。会场二楼看台,有时会飘下大批传单,引起哄抢。最后演变成武斗,两派大打出手,局面一片混乱。

1968 年,八五二农场改为黑龙江生产建设兵团三师二十团,现役军人掌握了权力。二十团成立大会在俱乐部举行,留下了珍贵的历史照片

农场毛泽东思想宣传队活跃在俱乐部舞台。还有八个革命样板戏、新闻简报电影片,舞台上一片红色宣传。

毛主席、周总理去世,俱乐部主席台成为吊唁之地。

1976 年,兵团二十团解散,恢复了八五二农场,农场召开了庆祝大会,我作为车队一员参加了会议。俱乐部侧墙还残留着旧标语,但人们已经视而不见了。

新农场领导集体和农场人在俱乐部见面。会上,农场宣传队演出了节目。随后银幕放下,演起了电影,第一个是 20 世纪 60 年代垦区新闻纪录片《垦荒姑娘》。这是当年很多人没看过的,是描述农场当年获全国三八红旗手称号的女拖拉机手的片子。影片中两个女拖拉机手,站在停驶的拖拉机履带上,看着什么。镜头一变,出现了父亲黄振荣,穿着老式军装,带人来慰问女拖拉机手。黑暗中我

眼前一亮,目光落在了银幕上,随着父亲走向拖拉机,又听到画外音介绍:"八五二农场老红军黄振荣场长,来看望她们了……"后面的语言突然被观众席上暴发的掌声淹没,一直到银幕上父亲扶着五铧犁驶向远方,离开银幕,掌声还在俱乐部中响着。

第二天白天重演时,农场场部人员、分场、连队人员,从四面八方赶来,涌向俱乐部。途经我家门口时,听到很多人议论:"看黄振荣场长去。"我也随着人群,又站在俱乐部一楼过道上,当父亲的镜头出现时,掌声不用描述了,还不时听到黑暗中的叹息声……

这时,父亲还没有平反呀。

1978年,农垦部第一副部长张省三恢复了原职务,来到八五二农场,不听劝阻,在黑龙江省农垦总局王正林局长陪同下,踏着露水,给没平反的父亲黄振荣扫了墓。又来到俱乐部旁,我家已破旧的俄式木刻楞住房,看望我们全家,合影时,随行军人说:"老红军家属还住这么破的房子。"

父亲平反的日子终于盼到了,红兴隆管理局领导、总场、分场、连队代表来到俱乐部。父亲遗像被放大,悬挂在主席台中央。管理局、农场各部门,从八五二农场分出去的八五三、五九七农场敬献的花圈,摆满了舞台。追悼大会隆重举行。这是农场俱乐部建成后拆掉前,唯一一次为场内人员举办的追悼会。

会后,我捧着父亲的遗像,带着全家人,随着参加会议的领导和其他与会人员,离开俱乐部走向父亲墓地,去给父亲敬献花圈。

　　父亲原来杂草丛生的墓地,已按转业官兵画家王立人的设计,修建为水泥墓地。扫墓人员三鞠躬,花圈摆满了父亲的墓地。

　　也许父亲平反感动了老天,大雨倾盆,淋湿了现场所有人。

　　1985年8月,王震将军第十八次来到农场。在俱乐部回顾农场历史,接见了老铁兵、十万转业官兵、知识分子、支边人员、知青代表。并代表党中央、国务院、中央军委慰问了农场干部、职工。

　　也是这次慰问,王震将军含泪写下了"黄振荣同志之墓　王震敬书　一九八五年秋"十七个毛笔字。

　　工人俱乐部后改为八五二农场职工俱乐部,在八五二农场南横林子镇上伫立半个多世纪,现已拆除。但俱乐部见证了农场艰苦创业、曲折生存、改革开放、发展壮大几个阶段。

　　军垦开拓、军垦文化、知青文化在这里起步,工人俱乐部永远是农场人值得称颂的地方,是农场人心中永远的"人民大会堂"!

附录八

难忘的往事

黄　黎

　　20 世纪五六十年代，王震将军率十余万将士，开发北大荒这亘古荒原。在密、虎、宝、饶四县摆开了战场。将士们驱虎豹、赶豺狼，唤醒了沉睡千年的黑土地，使北大荒成为国家重要的商品粮基地，也为后人留下可歌可泣的征服荒原的感人诗篇。当年的我，作为北大荒的第二代，随父母率先来到北大荒，只是从电影、电视、报刊上，知晓了北大荒第一代创业的艰辛，没有赶上那火红的年代，没目睹英雄们的伟绩。但在 20 世纪 80 年代后期，也许受父辈光环的影响，我曾到父亲的老上级王震将军家中，亲眼见到了暮年的王老。王老在日理万机的同时，仍关心有关北大荒发展的两件大事，让我久久不能忘怀，所以我提笔写下来，作为永久的怀念。

　　一是王老特批、国家计委列项的新谊糖厂。1985 年冬，北大荒气温已降到零下二十多摄氏度，滴水成冰的季节，也是东北人"猫冬"的日子。当时，任红兴隆国营农场管理局书记的王锡禄，给我母亲赵英华写了一封信，委托八五二农场王继宗书记交到母亲手中。信中谈到，让母亲或我到北京去，面见王震副主任（当时王老任中央顾问委员会副主任），起个引见的作用，农管局领导有要事要请示王老。

经过商量，决定由我前往。我先到农管局，王锡禄书记当面布置了任务：总局决定在红兴隆农管局成立一个新谊糖厂。由农管局严德润副局长带队，到京后要拜见中顾委王震副主任、国家计划委员会第一副主任李仁俊，当面汇报新谊糖厂列项的请示。

王锡禄书记最后风趣地向我说："如果此事办不成，你就住在北京不要回来了。"

严副局长带队，赴京人员乘火车向北京进发。随行人员有李凤德（糖厂筹建者，后为副厂长）、王文基（糖厂技术人员，后为副厂长）、秦信（八五二农场电视台技术员）和我（时任八五二农场交通科副科长）。

进京后，我们匆匆住到北京西城区白塔寺旅馆，就开始准备拜见各位。

首先拜见的是国家计划委员会第一副主任李仁俊，当时他还兼任中国石油总公司经理。李主任的儿子李波下乡时曾在八五二农场，任农场广播电视科科长。女婿周小川也曾在八五二农场四分场八队下乡，后回京，所以说李仁俊的家庭和红兴隆农管局有着千丝万缕的联系。

李主任是在晚上抽出时间，在家中客厅会见我们的。李主任和蔼可亲地告诉我们："已查过国家七五大本计划，全国农垦申报了七项建设项目，其中有新谊糖厂，投资半个亿。投资半个亿以上要列入国家投资的大中型项目。"

李主任接着说："但全国农垦申报的七个建设项目，都没列入七五规划,包括新谊糖厂。"

李主任又说:"我对北大荒还是有感情的。孩子们曾在你们那锻炼过,是你们组织上把他们培养成国家有用的人,在我的权力上只要政策允许,我还是尽力的,比如八五二农场电视塔和天津面包车,国家调拨这样的事,我是能帮上忙的。但新谊糖厂立项,我帮不上忙,目前正是国家计委七五规划定盘子的时候。"

李主任顿了顿,形象地打了个比方:"好像一盘肉,就这些,都想分,肉少人多,分不过来。现在各省都有人在京,来的又都是各省省长、副省长,你们也想分点,难哪。"

一番话,像一瓢凉水泼到我们头上。我们这才意识到任务的艰巨性。

告辞了李主任,已是深夜,夜班公交车已停运。走在北京沉睡的街道上,在大伙的议论中,我意识到事情的复杂。如办不成,真像王锡禄书记说的,我住在北京就不要回北大荒了吗?

次日,经过严副局长和农场其他领导沟通,决定仍然要请示王震将军。

首先,接待我们的是王老的贴身秘书唐玉。身为大校军衔的唐玉听完汇报以后沉思了一下说:"列入国家七五计划,有一定难度。现在王老不在家,要不然找日本人谈谈,因为王老是中日友好协会名誉会长。"

严副局长:"我们以前和日本客商谈过一些小的合作项目,他们斤斤计较的态度实在难谈,很难成功。"

唐玉秘书说:"要想列入七五计划,就得等王老回京。王老同意不同意,我们可不敢表态。"

在征求唐秘书同意后,我们留下糖厂请示报告、农牧渔业部《关于新谊糖厂设计任务书的批复》和旅馆电话,就告辞了。

由于当时没有移动电话,按照唐玉秘书的安排,我们在白塔寺旅馆等了七天,每个人心里都七上八下地翻腾着,等待着。

12 月 14 日,也就是七天后的下午 4 点,旅店楼层电话响了,电话另一端传来唐玉秘书的声音:"王老昨天刚回来,听说北大荒来人请示工作,让你们快来,只给你们半个小时时间。然后稍作休息,晚上要在人民大会堂接见日本代表团。越快越好。"

当我们乘公交车匆匆赶到王老住处时,唐玉秘书已等候在警卫室,告诉我们:"王老刚陪邓小平主席南巡回来,旅途劳累,谈话要简明、快,直奔主题。"

随后,唐玉秘书领我们过穿过客厅,步入王老书房。

王老书房温暖如春,王老背东面西,坐在办公桌前左侧的单人沙发上,身穿深蓝色立领毛料中山服,满头银发,正在用红蓝铅笔写着什么。见到我们进来,就手扶沙发站了起来,手伸向我们,一边和我们握手,一边听唐秘书介绍每个人的姓名、职务,然后热情招呼我们落座。

在唐秘书的安排下,严副局长坐在王老右侧的单人沙发上,我们坐在王老左侧的多人沙发上,而唐秘书坐在王老身后办公桌旁的椅子上。

谈话开始了。

王老手拿刚刚用红蓝铅笔写了一部分批语的材料说:"这是你们北大荒关于建新谊糖厂的报告,谈谈你们的想法。"

谈话直奔主题，我们七天悬着的心忽悠一下提了起来，目光不约而同地投向了严德润副局长。

严副局长侧身面向王老汇报，说："王老，您率十万转业官兵开发北大荒，北大荒现已成了北大仓，北大荒建设者的日子也一天比一天过得好。今年8月份，您代表党中央、国务院、中央军委视察垦区，慰问垦区人民，垦区人民非常感谢您老人家！我们准备在您刚视察过的红兴隆管理局局直建立一个新谊糖厂，主要是垦区粮食不愁了，粮食富余了，但缺糖。我们局考查过了，黑土地适合种甜菜。成立个糖厂，产白糖，可供农垦人吃，也可以供国家调拨。产糖后的渣子可喂猪、喂牛，还可深加工。制糖过程中产生的余热，还可供红兴隆农管局局直地区冬季取暖，浴池洗个热水澡，让职工放松下筋骨。好处太多了。"

也许房间太热，也许严副局长感到此行任务重大，脸上出汗了。他用手绢擦了擦脸上的汗，话题一转，切中此行要点："但关键要列入国家七五项目，国家要投资，糖厂才能办成，为此我们来请示老部长了，因为您今年8月份在视察我们农管局时说，如在北大荒建设发展中遇到什么困难，找您，只要政策允许，您会支持的。今天我们就是来请老首长指示的。"

严副局长一席话，把王老逗乐了。在众人目光的期待下，王老又拿起建新谊糖厂的申请材料，摊在膝盖上，在已写的一部分批示的基础上边写边说："在北大荒建糖厂是个好事。国家目前准备七五期间注重搞建设，资金也困难。不要全指望国家投资，应在国家投资基础上，让农场职工、干部多出点义务工,采集木材、沙石、煤,共同努力把糖厂建起来。让甜蜜的事业在北大荒站住脚,立住根。"

随后,摆在我们面前的是一份王老亲笔签名批阅同意的批件。

王老在文头上方用红蓝铅笔写下:

1. 发动农场职工,以发奋艰苦劳动,投入基建工程劳役。

2. 农场职工集资,以利社会主义企业职工,自力更生,积储资金,国家、集体(农场职工)、个人三兼顾的社会主义道路。

3. 加强甜菜的科研种植,每亩四五吨。

4. 甜菜叶子、糖渣为养奶牛、羊的饲料

5. 合理的机械化生产为主,家庭庭院经济为辅。

在文件右侧竖签"王震　一九八五年十二月十四日"。

王老看着我们一张张笑脸说:"我让唐秘书和国家计委余秋里同志(时任国家计委主任)及农牧渔业部说一下,调一下新谊糖厂的可研性报告,建议国家计委列入国家七五计划,明年就开工。"

整个过程没超过 20 分钟,此行目地基本达到。当我们按唐秘书事前安排,告别王老时,王老做了个手势,让我们坐下,说道:"今年 8 月份到北大荒,农场改革,机械、土地都分了,是怎么回事?"

随着话题的切入,王老脸色严峻起来。

严副局长应题答道:"农场把机械、土地都分了,现在有争议。有些人担心,改革不好,要使粮食减产。"

主老问:"谁定的?"

看着大家不表态,我冒出一句:"听说是某领导定的。"一句话引得王老大发脾气。

看到王老发火了,坐在王老身后的唐秘书悄悄给我做手势,让我转移话题。

我刚说了一句"王伯伯",就被王老用手势制止了。

局面一下紧张起来。

王老又对我们谈了许多关于改革成功与失败的经验、教训。最后说道:"你们不是决策者,你们没责任。改革要看怎么改,什么事不能一哄而上,改革要有利于生产的发展。"

严副局长看到王老情绪逐渐平稳下来,说:"我在农管局搞了机械分了的利弊二方面的分析材料,剖析了具体情况。"

王老说:"给我一份,我要面见邓小平主席,看看农场下一步怎样改革。"

不知不觉,一个多小时过去了,局面由唐秘书扭转了。唐秘书提醒,日本代表团还在人民大会堂等待王老接见,王老才同意让我们辞行,并坚持拄手杖送我们到书房门口,挥手目送我们远去。

事隔几日,农业部领导派人找我们谈话,并带走了新谊糖厂立项的可行性报告。何康部长要求我们把王老对国营农场改革的谈话,形成材料,由农牧渔业部发往黑龙江、海南垦区、新疆生产建设兵团等农垦系统。

等忙完这些,元旦即将来临,我们乘火车返回冰天雪地的北大荒家中。

令人欣慰的是,新谊糖厂正如王老数千公里外的批示决策那样,在七五计划中列入国家大中型投资项目,于1986年春季如期动工了。

现在每当我到红兴隆国营农场管理局,看到新谊糖厂巍峨的厂房,听到机器的轰鸣声,就不禁想到王老接见我们时说的话:"让农场职工、干部多出点义务工,采集木材、沙石、煤,共同努力,把糖厂建起来,让甜蜜的事业在北大荒站住脚,立住根!"

另外两个任务,使我又两次进京。

1988年,王震伯伯已当上了国家副主席。我也调入黑龙江省国营农场总局交通局工作。

7月中旬,时任黑龙江省国营农场总局副书记的邓灿当面安排我去趟北京,找王震副主席,请示两件事:一是在十万转业官兵开发北大荒三十周年之际,总局集邮协会计划以发行纪念信封的方式,缅怀十万转业官兵创业的艰难,特请王震副主席在纪念封上题词。二是农场总局想在北京建一个驻京办事处,特请王老批准。

随后,我和总局委派的通信处办公室主任王春林赴京。由于车次不好,半夜抵京,公交车已停运,我们在天安门广场等到天亮,才乘首班车奔赴朝阳区。

稍做休息后,我到临时机构李主任办公室,做准备工作。我和初次见面的李主任刚说了几句话,房间门开了,物资局一位科长推门而入(或许听说要请示建驻京办事处的事,但他不认识我),打断了我们的谈话,大咧咧地说道:"驻京办事处,多少人来办都办不成,总局党委也是,听说派黄振荣儿子来,他能办成吗?"

弄得李主任和我相对无言,哭笑不得。在这种场合下,李主任不便再介绍我的身份,只得推脱说:"我俩有要事相谈,你等会再来。"待高科长走后,李主任说:"他不知您是谁,不要放在心里。"

李主任说:"邓书记已来过长途电话,讲明派您来的原意。但他刚才说的也是实情,总局此前已多次派人请示在京设办事处,都没办成。"

说到这儿,李主任拿出一张纸,上面按时间先后,密密麻麻记着来京请示设办事处的人的名字,随后提笔在最后面写上我的名字,并笑着说:"不知您能否办成,如办成,您就是最后一个人。办不成,后面还会有人续上去。"

我的心七上八下翻腾,此事也太难了,尤其那位科长一番话刺激太深,我思索了一下说道:"驻京办事处能不能办成,也不是我说了算的,总局领导让我请示我就请示吧。"

随后,我稳定下情绪,用李主任办公室电话拨通了王老的秘书李慎明的电话。

李秘书听完我的汇报后说道:"王老因国事活动不在北京,关于农垦总局驻京机构问题,不能口头汇报,最好由总局写个请示报告,送到王老处,和题词一事一起向王老请示。"

挂断电话后,我向李主任传达了李秘书的电话指示,李主任表示马上会电话请示邓副书记,并说:"等住这儿的这批人走后,您住进来,等待总局请示报告送来。"

由于受那位科长说话影响,我心头仍不愉快,只是问清了请示报告到京的大概时间,就说了句:"再说吧。"

随后,重选了一个住处,静候总局请示报告。

在京住了几天,估计总局请示报告已到,我拨通了李主任的电话。接到我的电话,李主任焦急地说:"总局请示报告已到,您这几天哪儿去了? 害得我们到处找您。找不到,以为您生气回总局了。"

我笑了笑,答道:"没完成任务,我能回去吗?"

此时,我气也消了,请示的事还得办。

总局的报告是这样写的:

敬爱的王震副主席,您好:

黑龙江垦区 165 万人民向您致敬!

垦区现拥有七万多复转官兵和三万多北京等大城市知青,与北京关系密切,因此在北京设立办事处,对于国家、政府部门加强对我们垦区的领导,交流国内外信息,搞活我们垦区的经济都是十分必要和迫切的。

鉴于我们黑龙江垦区的特殊情况,恳请王老给予照顾,批准我们在京设立办事处。

以上意见当否请批示。

敬请王老在适当时候来黑龙江垦区视察工作。

　　　　　　　　　　　　黑龙江省国营农场总局

　　　　　　　　　　　　一九八八年七月二十二日

持总局请示报告,7 月 30 日,我和通信处王春林来到王老在中南海的办公室,向李秘书当面汇报,并留下了请示报告。随后,李秘书表示,王老仍没回京,准备马上沟通,让我们继续等待。

望着摆满办公桌的各种文件和请示报告,我担心地说:"这么多国家大事要请示,8 月中旬,总局要开纪念复转官兵开发北大荒三十周年大会,能排上我们的请示吗?"

李秘书笑了笑说道:"王老亲手创建了北大荒农垦事业,一直关心北大荒,能排上,会快的。"

随后,约定了再次通话时间。

8月2日9时,电话响了,李秘书明确给我们答复,王震同志办公室意见:王震同志不在北京,无法题词,为了不影响黑龙江垦区的纪念活动,请将王老7月份给垦区八一农大题的词作为纪念封的题词,并可在纪念会上作为会标使用,题词是"向北大荒的开拓者和建设者们致敬"。关于农场总局在京设办事处一事,待王老回京后再请示。

8月20日,垦区纪念十万转业官兵开发北大荒三十周年纪念大会如期召开,王老的题词作为会标高高悬挂在主席台上。王震副主席题词首日封,成为邮展会上参观者纷纷抢购的纪念品。

为了向王震办公室汇报王震副主席题词的落实情况,邓灿副书记让我寄去首日封,并以书信的方式进行汇报。

没想到,10月5日,唐玉秘书回信,并随信寄回王震副主席亲笔签名的首日封两份。

至于总局呈送给王老的请示报告,王老在回京后,在首页上方做了批示,王老写道:"此类行政组织问题我不能过问,此件请农业部何康同志批示。我拟到黑龙江省走走,向解放军复员、转业同志,支边、屯垦戍边同志慰问。"

农业部何康部长在接到批示后,8月29日在请示报告首页右侧空白处也做了批示。

领导的批示,没有最后落实结果,因此又有了我第二次进京。

1988 年 12 月 13 日,我陪同总局原副书记王桂林夫妇,由佳木斯市乘车前往北京。

此次进京我有两个任务,其中一个任务就是探探北京办事处落实情况。

到京后,住在总参小西天招待所。王桂林副书记有亲戚在北京,借给我们一台小车,方便了我们出行。

我们先到王老家,唐秘书接待了我们。不巧,王老因国事活动又不在北京,只见到王季青妈妈。

随后,我们到了建设部,向有关部门反映了总局驻佳二所的情况,拿到了有关总局的文件。

再其后,王桂林副书记带我到了农业部,农业部农垦司孙泮琪司长接见了我们。

当看到我们递上王老 8 月 15 日批件后,孙司长笑了,说道:"此事我们研究过,根据中央有关文件,在京设立办事处,只允许各省、自治区、直辖市级别的单位设立。黑龙江省农垦总局没达到这个级别,设立办事处,有关部门不能批。"

孙司长话语顿了顿,看了看我们失望的脸色,接着说:"根据实际情况,黑龙江省农垦总局在京也确实需要有个办事的地方……部里想了一个折中的办法,这个办法就是:北京农垦局盖了一个综合楼,你们回去向黑龙江省农垦总局领导汇报,可将大楼一部分给你们使用……"

孙司长又说:"为了和省一级办事处有区别,就叫黑龙江省农垦总局驻京联络处,可挂联络处牌子。"

带着建设部文件,带着孙司长传达的部里的意见,我们随后返回佳木斯市。通过行政处向总局领导做了汇报后,我就没在参与此事了。

后来联络处成立,我去过几次,刚开始条件很艰苦,楼房后面就是农民的庄稼地。没过几年,联络处周围便布满了高楼大厦。联络处也成为农垦总局和中央各部委沟通的桥梁,起到了重要的纽带作用。

附录九

难忘的见面

黄 黎

　　父亲黄振荣1931年在江西宁都暴动时参加红军，1932年由红五军团的萧克、蔡会文带到红六军团任第一任电台队队长。从那时起，他便作为王震的部下，跟随王震南征北战，最后开发北大荒，他们虽为上下级关系，但一直保持着深深的战友情谊。如今，两位老人已经作古，但我们两家的情谊一直没断。自从2002年在京见过王妈妈一面，一晃几年过去了，很想念老人家。我的儿子黄松博，1990年在佳木斯见过王奶奶，当时小博只有9岁，如今，已经大学毕业，也想见见王奶奶，我们一直在寻找这个机会。

　　2005年7月，出差途经北京。我拨通了王老的电话，工作人员汇报后说，王老很高兴，一再强调，把北大荒黄振荣的孙子带来。王老当时正住在河北省香河县，工作人员为我们安排了接见时间，并说明了注意事项。最后，王老的孙女说，王老岁数大了，时间不要太长，千万不能让老人家激动。

　　7月11日，我们父子两人乘车由北京前往香河县，只见河北大地一片绿色，36摄氏度的高温也没阻止住庄稼的生长。我们无意观看河北大地的风景,只盼早点见到王季青老人家。11 时终于到达目的地。在工作人员的引导下,围着仿古城墙转了半圈,经过几道岗哨,进入一个青砖四合院,又穿过一个侧门进入后院,只见院内古树挺立,花草争艳,耀眼的阳光透过树叶落在我们身上。经过弯曲的小路,眼前映入一座坐北朝南、青砖琉璃瓦的平房。进入中厅,偏右侧摆放着一桌十椅,桌上摆着碗筷等餐具。此房除中厅外,还有左、右耳房。

在工作人员引导下,我们进入左侧耳房。只见王妈妈背靠沙发,面西而坐,静静地等待着我们。

落座后,端详王妈妈,较 2002 年略有消瘦,但精神状态仍然很好,依旧知识分子形象。

王妈妈注视我们,首先询问了我妈妈赵英华的近况,然后说道:"孙子多大了?"

黄松博答道:"25 岁。"

王妈妈说:"这么高,身高多少?"

小博答道:"1 米 88。"

我插话:"喜欢打篮球。"

王妈妈连说:"好,好。"

王妈妈听力、视力下降,我们之间的谈话需要工作人员在奶奶耳边重复一遍。

工作人员说:"奶奶常念叨北大荒,念叨你们,今天见到你们,肯定会提北大荒。"果不其然,话音刚落,王妈妈说起了北大荒,老人家回忆道:"当时开发北大荒,黑龙江省委书记欧阳钦同意,赞成转业官兵进省开发。欧阳钦给王震同志开玩笑,说王震是占黑龙江的地变成王震的'殖民地'。"

我说:"这话您给北大荒作家郑加真说过,写在一本书里了。"

王妈妈听后笑了,又接着说:"那时是铁道兵先去,接着十万官兵开发北大荒。我私下和王震说,那么多官兵,能留在城市,能留在家乡,到哪生活也比北大荒强,北大荒多艰苦,土地肥,但没有房屋,白手起家,冰天雪地,多艰苦,你让这么多人去开荒,也不征求人家意见,太主观。王震说:'听你这么说,什么事也成不了,北大荒开发需要这些经过战斗锻炼的人,没有他们去开发北大荒,别样的人谁去也干不成。'"

王妈妈说:"我当时只能笑笑了之,但北大荒那么艰苦,那么冷,硬是由十多万转业官兵开发出来了,随后又去了知识青年……"

王妈妈接着回忆道:"当时北大荒较大的农场是八五二农场,还有八五三农场。八五二农场,你们爸爸、爷爷当农场场长,那么好的人,'文化大革命'中含冤去世……"说到这里,王妈妈眼睛湿润了。

看着王妈妈激动起来,我们赶忙岔开了话题。

王妈妈平静了一下情绪,端起水杯喝了一口茶水,接着说:"我今天见到黄振荣的孙子很高兴。你们爸爸、爷爷黄振荣就是开发北大荒的功臣,其他凡是在北大荒站住脚,做过工作的都贡献不小,也是功臣。"

随后,老人家又问道:"北大荒现在开发耕地多少亩了?"

我不假思索地回答:"3 000多亩。"

王妈妈沉思一下,问:"3 000 多亩,不对吧?"

我闻言恍然大悟:"说错了,少个'万',3 000 多万亩耕地。"

答话引起了老人家的笑声。

王妈妈又问道:"产粮多少?"

我说:"总局统计,每年产粮可供京、津、沪、渝四个直辖市和三军指战员一年口粮。前几年闹'非典',北京缺粮,其他地方调不出来,北大荒垦区一天一个专列直达北京。"

王妈妈问:"现在农场住房怎样?"

我说:"农场职工告别了泥草房,住进了砖瓦房,有些人还住上了楼房,有暖气、自来水;用上了上百万元的美国农业大机械;职工用上了手机;八五二农场主路变成了水泥路。"

王妈妈:"好啊,不用走泥土路了。八五二农场,我随王老去了几次。一次是 1962 年,在职工俱乐部里开农场大会,我坐在主席台下。黄振荣想调走,王震同志说:'你黄振荣不能走,农场需要你……'第三次是 1990 年,我按王震同志的意见,带着孙子、孙女、孙女婿到八五二农场黄振荣的墓地,代表全家送了花圈……现在,黄振荣的孙子也长大了,25 岁了,今年大学毕业了,应按王爷爷说的,继承爷爷的事业,多为北大荒出力,做贡献。"

当我提到松博上大学,王奶奶闻信,给松博寄了一千元助学金一事,王妈妈笑了:"我听说你又给寄回来了,我告诉马阿姨(跟随王老一家多年的工作人员)再寄回去,说我生气了,你们才收。我就不能对黄振荣的孙子关心关心？还有垦区的贫困孩子,通过你给孩子们送去我的工资和学习材料,是对这些孩子的前辈开发北大荒的安慰,是王老让他们去的,我做的也对。"

谈到这里,王妈妈话锋一转,问工作人员:"饭准备好了吗?"

服务人员说早就准备了。

王妈妈注视着我们:"中午别到别的地方吃饭,和家人吃饭。"

这时,我们才明白外面客厅摆桌的目的。按常规,餐桌应在餐厅。

王妈妈又说:"通知王兵(王老的大儿子)、王之(王老的三儿子),就说客人来了。"

我们这才知道,我们的到来惊动了王老家人。

随后,王妈妈的重孙跑了进来,和太奶奶贴脸,又给我们扇扇子,逗得在场人全笑了。

随后,大家先后落座,丰盛的午餐开始了。

吃饭时,王妈妈一再说:"不要客气,想吃什么,就吃什么……"

桌上,王之首先拉开了话题:"今年4月份到当壁镇王震纪念馆时,在牡丹江农场管理局宾馆见到你们,当壁镇在八五一〇农场吧?"

得到肯定回答后又说:"北大荒人太能喝酒。当壁镇那个地方不错,应开展好旅游业,盖些有特色的房子,用些好厨师,用大白鱼把旅游业搞起来,增加农场的收入。"

王兵问:"农场到俄罗斯远东地区去种地了吗?我到过对岸布市至海参崴,那里人少,荒地多。黑龙江的鱼不过江心国境线,俄罗斯那一侧鱼多,那里人不吃江鱼,一过江心,鱼也知道不安全。"这话把大家逗笑了。

我答:"听说有些农场,人和机械全过去了,常年在俄罗斯种地。"

王兵连连点头:"路子对。"

王兵又问:"完达山乳业怎么样?"

当得知完达山乳业将于 7 月 14 日和台湾联营时,又问合股资金投资情况。

王妈妈说:"农场种大米,打破了原来小麦、大豆、玉米的单一结构,但水稻注意不要上化肥,一上化肥就不好吃了。"

当谈到北大荒博物馆时,我说先在哈市试开馆,八九月份正式开馆,保存在我那的王老生前用品已交博物馆。

听说正式开馆要请王老家人去,大家露出欣慰的笑容。看过试展的王之做了介绍,并和新疆石河子垦区展区做了对比。

这顿饭成了对北大荒的讨论会。

饭毕,王妈妈说:"今天你们来,就别走了,在我这住几天。"当得知我们已购买机票,挽留不住,又说:"北京那个家,这里的家,都是你们的家,这里的家比北京凉快,可避暑,以后来多住几天,和我这个老人多聊一聊,别见外……"

当工作人员告诉王妈妈客人要告辞时,王妈妈坚持要站起来,被人搀扶着,边送我们边说:"给垦区领导和同志们带个好,我想他们。"

又对我们说:"黄松博学习毕业后,一定要好好工作。"

　　还自言自语地说:"回去了,回东北了,回北大荒了。"王妈妈一直坚持送我们到门口,向我们挥手告别,目送我们远去。

　　我们父子俩沿着小路从后院侧门出来,转身想再看一眼老人家的住处。只见老人家仍被搀扶站在客厅门前,频频向我们招手,一直到我们视线看不到老人家为止。

　　走出四合院,炽热的阳光晒得浑身好热好热,王妈妈的话仿佛还在耳边:"北大荒现在也比北京凉快。北大荒那么寒冷,硬是由十几万官兵开发出来了,不容易啊,还是王老说得对。"

附录十

黄振荣师长之歌

郭小林

人们为亲人献上
一朵白菊一朵玉兰
完达山为您捧献一片花海
人们为亲人裹一身缟素
北大荒为您捧献一座雪原

敬爱的黄师长
满山二月兰为您盛开
遍野达子香为您盛开
路边的迎春花为您盛开
丁香花马兰花为您盛开
由于您的提振
千花万树欣欣向荣

你的墓前
就是庄严的检阅台

我们将接受您的检阅
看啊！
万亩小麦的方阵走过来了
千顷大豆的方阵走过来了
水稻玉米的方阵走过来了
黑白花奶牛踱着方步走过来了
大马力拖拉机方阵从台前
隆隆驶过
农用飞机机群低空掠过
它们摆动双翼
向黄师长致敬

农垦战士组成的
万人大军走过来了
他们中有着三五九旅和
晋绥军的老战士
有着抢修大同江铁桥的老铁兵
有来自内地昔日的农民
有至今扎根在这里的知青
他们打着横幅
我们永远是您的兵

为了您在宁都的光荣起义
为了您在抗日战争中的
不朽功勋
为了您在解放战争

抗美援朝战争中屡立大功
更为了您开发建设亘古荒原的
伟大殊勋

为了您身上永远的弹片
为了您承受的太多磨难与艰辛
天地万物全体起立
列队整齐向您行礼致敬

小麦饱满的籽粒
每一颗都饱满着您的心血
大豆滚圆的果实
每一颗都浸透着您的智慧
垦区油亮的黑土地
每一寸都洒下您的汗水
四通八达的道路网
每一步都留下您的足印

敬爱的黄师长
您从未离开我们
您仍走在农垦大军最前列
百丈青松是您的身姿
魏巍完达山是您的背影
依然那么矫健那么英勇
带领着我们前进前进
开创祖国更加美好的未来

迎接一个又一个
更加灿烂辉煌的天明

2015 年 4 月 20 日 ~ 5 月 9 日
（郭小林系著名诗人郭小川之子，为北大荒知青）

附录十一

怀念八五二农场的开发
建设者——黄振荣

夏红英　马才锐

　　他的名字,曾在炮火硝烟的战争中让敌人闻风丧胆、望而生畏;他的名字,曾在南泥湾的歌声中让人们荡气回肠、永世传唱;他的名字,曾在完北荒原的战场上让百姓钦佩敬仰、拥护爱戴,他就是八五二农场的开发建设者——黄振荣。

　　这位戎马一生的老红军、老领导、老英雄,解甲归田后为了北大荒的开发建设,将自己的后半生献给了垦荒事业。他带领7 000多名官兵亲手创建了八五二农场,扩建了八五三及八五五农场,他来时屋无一间、地无一垄,死后却为北大荒留下76万亩良田,节约了开荒费用1 100多万元。他用英雄的壮举铸造了战争年代及垦荒时期不朽的丰碑,他为后人留下的北大荒精神之河在这片黑土地上静静地流淌。

　　在完达山北麓,距八五二农场场部东侧3公里处一片郁郁葱葱的白桦林里,有一座水泥铸就的30平方米的陵墓,一方花岗岩墓碑朝东矗立,碑上由王震将军亲笔题写的"黄振荣同志之墓　王震敬书　一九八五年秋"17 个大字熠熠生辉。黄振荣,这位戎马一生的老红军、老领导、老英雄,将自己的毕生献给了党和祖国。

在解放战争初期,黄振荣怀着对党、对祖国、对人民的热爱,奋战在疆场,为民族独立解放、保家卫国英勇杀敌。

"七七"事变后,中共中央派黄振荣、李成芳等"五人小组",去山西太原"决死纵队"工作,担任教官,后在晋军中任营长。1940 年关家垴战斗中,黄振荣率部顽强抗击日军进攻,身负重伤,被战友救下阵地。1948 年 12 月,黄振荣指挥抢修山海关铁路枢纽工程,保证了百万东北人民解放军顺利进关,加快了平津战役的进程,荣立大功。1951年 2 月,率部入朝,任铁道兵三师副师长,在抢修大同江大桥的战斗中,黄振荣不顾敌人的狂轰滥炸和定时炸弹的威胁,坚持一线指挥,再立大功一次,荣获朝鲜民主主义人民共和国授予的二级国旗勋章和二级独立自由勋章。1942年,黄振荣任三五九旅某营营长,参加了举世瞩目的南泥湾生产运动,并将南泥湾精神带到了北大荒。

1956 年 3 月 12 日,黄振荣师长摸清了完达山北麓有300 多万亩可垦土地,立即拟写电文向王震司令员报告,请求大军北上。得到了中央领导的批复后,王震在鹰厦线建设南平指挥部接见了黄振荣。一见面便开门见山地告诉黄振荣:"我们并肩战斗了 20 多年,你的历史、你的为人我都了解,用不着背包袱。现在胜利了,国家要搞建设,我们这些指挥打仗、敢拼敢杀的老战士,都要学会搞经济建设。我已向中央提议去开发北大荒,希望你再跟我并肩战斗,一起去开发北大荒。"一场以铁道兵复转官兵为主体,征服完北荒原的战斗就此打响了,从此,完北荒原上就布满了他的脚印。在踏上这片土地之后,他就再也没有离开。

1956年4月上旬,黄振荣带领先头部队开进了完达山北,进入了荒原。随着解冻期的来临,东边小清河,西边挠力河,北边大酱缸,中间的蛤蟆通河及大、小索伦河相继开化。六条大河、数十条水线上下一齐流,把荒地块块隔开,团团围住,通往宝清县城的雪道冰路,霎时变成泽国水道。黄振荣亲自参加宝清—虎林120公里的筑路战斗,他带着伤拄着拐棍亲自指挥筑路大军。带领将军岭下80名战士手持四根大绳,拽着一个大锤,打下了千古荒原第一桥桩。1956年5月10日的清晨,经过千辛万苦地战斗,最后一块护桥板终于钉在第48座桥梁上。虎宝线终于打通了。在这次筑路的过路中,黄振荣的双脚被冻伤,脚指甲被冻掉了9个。

如果说这世界上的苦难是一种财富的话,那么黄振荣留给我们的精神财富,也是苦难铸成的。

一次,他因遇上瓢泼大雨,发烧39度多,晕倒在工作地点。指挥部的人把他送到卫生所,他坐卧不宁,又跑回地里检查开荒质量。医生在一台拖拉机上找到了他,着急地说:"你这样下去,会死在这里的!"黄振荣却回答说:"若死在这里,我的革命就成功了!"

黄振荣曾带领7 000多名官兵,住进营房,在北大荒站住了脚,并开荒达20多万亩,还扩建了八五三农场。1957年,耕地面积达到51万亩,扩建了八五五农场。建场不到两年,节约了开荒费用1 100万元。1957年10月,在北京召开的全国农林代表会议上,八五二农场受到了朱德副主席的赞扬。

　　"文革"期间,黄振荣遭受迫害,于 1968 年 2 月在关押中因脑溢血去世。"文革"结束后,黄振荣的冤案得到了彻底平反。1985 年 7 月,八五二农场将黄振荣的墓地进行了修缮,王震亲自为黄振荣墓碑题字,并流下了滚烫的热泪。黄振荣虽然含冤去了,但他在黑土地上创下的业绩,如不老的青松,傲然挺立在北疆。

　　黄振荣的墓地已成为北大荒爱国主义教育基地,每年草长莺飞的清明时节,八五二农场的老干部、党员群众及青年学生,都会带着寄托哀思的鲜花,缓缓踏着山路,自发地来到这里祭扫。驻足在黄振荣的墓前,人们眼前仿佛展开了硝烟弥漫和奋战荒原的场景,耳边响起震耳欲聋的枪炮声和机犁声,黄振荣像一座不朽的丰碑,在北大荒儿女们心中顽强地矗立。

　　苍松翠柏用绰约的风姿守护着他,白云黑土用宽厚的胸怀拥抱着他,黄振荣——这位有着 37 年革命生涯的红军战士,安详地长眠在这片他挚爱的黑土地。

附录十二

雪的祭奠

——致外祖父

胡笑扬

雪　毫无疑问的雪
下得那么直接　连寒暄都省略
让风卷着　就放纵肆虐
挑衅行人的脸　嘲弄被迫拉下的帽檐
嗖地划过一贫如洗的地面
疤痕处绽放被侵犯的图案
雪过风迁　却依旧明显
我轻薄僵硬的指尖
几乎忘记疼痛的感觉
只当是种残酷无可逃避的试炼
在十七厘米厚的雪面
留下执着的脚印一串
企图吐露艰难
热气在呼出口中的瞬间
摔入雪中混成一片

还是撑着抬起双眼　聚焦北面

那辽阔的雪原

感受你无须雕刻的容颜

修饰不等于存在缺点

忽然左边坠落一滴鲜艳

颤抖是冷　纯粹的蔓延　是贪婪的呼唤

无垠的白色淹没我灵魂的哀怨

只想再看一眼

血红的斑斓

再埋葬之前的祭奠

2015 年 5 月 6 日

（胡笑扬系黄振荣外孙女）

主要参考资料

（以发表时间先后为序）

［1］ 黄振荣.《黄振荣自传》

［2］ 牡丹江农垦局八五二农场场史编写办公室,牡丹江农垦局北大荒文艺. 在南泥湾的道路上. 黑龙江:北方文艺出版社, 1961.

［3］ 萧克. 红二、六军团会师前后. 近代史研究,1980(1).

［4］ 八五二农场志编审委员会. 八五二农场志(1956—1984). 1986.

［5］ 政协黑龙江省委员会文史资料委员会编辑部,黑龙江省国营农场总局史志办公室. 唤醒沉睡的土地. 黑龙江:黑龙江人民出版社,1988.

［6］ 中共黑龙江省委党史研究室,黑龙江省国营农场总局. 拓荒者的回忆. 黑龙江:黑龙江人民出版社,1989.

［7］ 郑加真,齐长伐. 将军与北大荒人. 上海:上海社会科学出版社出版,1991.

［8］ 孙宝权口述,徐维民整理. 农垦工人,1991(10).

［9］ 孙晓琳. 我爱你,我的北大荒. 农垦日报,1995.

［10］ 开发建设北大荒. 北京:中共党史出版社,1998.

［11］ 黄黎. 完北青松——记老红军黄振荣. 北大荒英雄谱. 北京:人民中国出版社,1993.

［12］ 付井泉. "北国西湖"蛤蟆通. 北大荒风情录. 黑龙江:北方文

艺出版社,1998.

[13]　郑加真,苏醒. 黑龙江:黑龙江人民出版社出版,1998.

[14]　铁道部第十三工程局史志编审委员会. 铁道部第十三工程局志(1948—1995). 北京:中国铁道出版社,2000.

[15]　郑加真. 中国东北角拾遗. 黑龙江:哈尔滨出版社,2005.5.

[16]　文史月刊.2004(6).

[17]　文史月刊.2005(7).

[18]　张清山. 塞北江南蛤蟆通. 双鸭山新闻网,2006(5).

[19]　高跃辉. 北大荒的老红军. 黑龙江:黑龙江人民出版社,2006.

[20]　廖庆祯. 回忆老场长黄振荣. 北大荒的老红军. 黑龙江:黑龙江人民出版社,2006.

[21]　八年抗战中八路军最惨烈的一战——关家垴战斗. http://ido. 3mt. com. cn/Article/200701/.

[22]　复员官兵在北大荒农场艰苦创业.1958 年 5 月中国社会背景资料. 国家数字文化网,2007.

[23]　贾宏图. 诗人的非诗意生活. 黑龙江新闻网,1999(4).

[24]　余世铭. 回忆老场长黄振荣. 宝泉岭信息港,2008(11).

[25]　完北青松——黄振荣. 北大荒全书,2009(7).

[26]　罗帆. 啊,北大荒不会忘记. 北大荒文化,2010(8).

[27]　赵国春. 我们的北大荒. 上海:上海文艺出版社,2011.

[28]　李可祥,周科. 我的老场长——谨以此文献给八五二农场建场 55 周年. 黑龙江省八五二农场网,2011(5).

[29]　广陵散人. 血雨腥风关家垴. http:www. fyjs. cn,2012.

[30]　刘雪媛,陆书鑫. 永恒的信仰　不朽的丰碑. 北大荒网,2013.

[31]　高明山. 王震和黄振荣两家人的友谊. 北大荒史志,2014(2).

[32]　杂志《冰凌花》,电影《红旗飘飘》《北大荒人》.

后　记

　　2015 年是北大荒老一代开拓者黄振荣 100 周年诞辰, 这是具有十分重要的纪念意义的一件大事。

　　有目共睹, 如今的北大荒已变成北大仓。

　　抚今追昔, 我们永远不能忘记过去的艰苦年代, 永远不能忘记北大荒的拓荒者。

　　黄振荣一生追随革命追求真理, 在王震将军的直接领导下, 转战祖国南北, 是北大荒的重要开拓者之一, 对北大荒, 尤其是八五二农场的创建, 做出了重要的历史贡献。值此黄振荣百年诞辰之际, 大家都认为应该有一本记载先辈革命历程的传记, 这也是我们创作《黄振荣传》的缘由吧。

　　黄振荣的长子黄黎提供了大量历史资料, 包括文字资料和图片资料, 许多材料是第一次发表, 也为进一步研究黄振荣提供了第一手资料。在两位笔者的共同努力下, 克服了许多困难, 才得以成书。黄振荣的女儿黄鲜梅、女婿胡玮, 为父亲传记的成书工作, 也做了大量的工作。

　　八五二农场党委书记吴转丰、农场场长王君革、党委副书记赵德清、副场长吴佳玲十分关心本书的撰写和出版工作, 多次开会研究。农场党委宣传部的张培诚、杨锡霞、张秀贵、夏红英提供了大量的基础资料。大家对老场长的怀念和敬仰之情,令人感动。

黑龙江省农垦红兴隆管理局对本书的写作情况十分关心。管理局党委副书记陆书富,党委委员、宣传部部长翟永胜,都在百忙之中,过问此事。

黑龙江省农垦总局党委宣传部、离退休干部工作处,黑龙江省农垦总局文化委员会、北大荒作协,对本书的进展也十分关心,并表示肯定。

黑龙江省农垦总局党委编委办公室、档案馆、史志办提供的支持和相关资料是十分宝贵的。

著名书法家、国家一级美术师李本和,欣然接受题写"垦荒英模百年诞辰"的邀请;著名诗人郭小川之子郭小林为赞颂黄振荣而作诗,也为本书增色添彩;由郭小林与黑龙江电视台文艺频道副总编杨威作词,哈尔滨师范大学教师、青年作曲家、著名音乐制作人刘峤和青年音乐家王朝作曲的歌曲《英灵颂》,必将广为传唱,引起反响。

尤其是原国家副主席王震的三子王之,在百忙之中为本书作序,令人感动。

成书的过程,也是学习的过程。能为北大荒的老前辈开拓者们做一些有益的事情,尽管很辛苦,同时也感受到了充实和快乐。由于时间紧、任务重,错讹之处在所难免,敬请有识之士教正。

2015 年 6 月 6 日于哈尔滨